华章科技

HZBOOKS | Science & Technology

智慧之巅

DT时代的商业革命

Ali Business Review

阿里研究院 编著

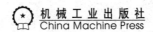

机械工业出版社
China Machine Press

图书在版编目（CIP）数据

智慧之巅：DT时代的商业革命 / 阿里研究院编著 . —北京：机械工业出版社，
2015.9

ISBN 978-7-111-51861-7

I. 智⋯ II. 阿⋯ III. 电子商务－商业经营－文集 IV. F713.36-53

中国版本图书馆 CIP 数据核字（2015）第 249975 号

智慧之巅：DT 时代的商业革命

出版发行：机械工业出版社（北京市西城区百万庄大街 22 号　邮政编码：100037）	
责任编辑：王　彬　　陈佳媛	责任校对：董纪丽
印　　刷：北京市荣盛彩色印刷有限公司	版　　次：2016 年 1 月第 1 版第 1 次印刷
开　　本：170mm×242mm　1/16	印　　张：14
书　　号：ISBN 978-7-111-51861-7	定　　价：49.00 元

凡购本书，如有缺页、倒页、脱页，由本社发行部调换

客服热线：（010）88379426　88361066　　　　投稿热线：（010）88379604

购书热线：（010）68326294　88379649　68995259　　读者信箱：hzit@hzbook.com

序言：平台经济与全球互联网治理

◎ 阿里巴巴集团副总裁、阿里研究院院长　高红冰

　　我们正处在一个需要被重新定义的世界，一个快速变革的世界，一个"原子/比特"双重结构的世界。新技术、新应用、新理念、新模式不断出现，昭示商业和管理的巨变。

　　今天很多人谈及"互联网＋"，仍是把自己置于工业革命的场景下。思考逻辑囿于原来封闭体系，无法看到信息革命带来的创新和变化。当他们沉浸于原有封闭体系，把逐渐逝去的工业革命辉煌描绘得越精彩、越有高度的时候，往往也是错失洞察未来的时候。因此，在讨论平台经济与全球互联网治理的话题之前，让我们先看看世界到底在发生什么。

世界正在改变

　　新人口红利即网民红利正在形成。根据CNNIC《第36次中国互联网络发展状况统计报告》显示，截至 2015 年 6 月，中国人口总数达到 13.96 亿，其中网民人数 6.68 亿，约占总人口数的一半。移动互联网用户 5.94 亿。网民平均每人每天在线时间 3.57 个小时。

　　英国牛津大学最近做过一件很有意思的事情，用互联网网民数量作为面积标准来绘制一张新的世界地图。我理解为这就是一张世界互联网地图。在这张地图里，中国的面积最大，因为我们有 6.68 亿网民，而俄罗斯的面积则大幅缩小，同法国、德国一般大小。这张通过数据可视化技术绘制的世界地图，一定程度展示了新时代的全球现代化进程，一种全新的人口红利即网民红利正在中国形成。

　　更进一步分析，中国 6.68 亿网民里，29 岁以下的网民约占 60%。十年后，这些成长在工业经济＋信息经济土壤之上的年轻人将成为中国社会的中坚力量。他们的思考逻辑、知识结构、生活方式跟上一代人将有很大的不同，他们主导的未来中国势必会发生巨大的变化。

　　原子世界正向原子/比特的世界过渡。当前，我们处于一个由原子世界向原子/比特双重结构世界过渡的时代。在原子世界里，美国每天 100 万人住宿酒店、100 万人

乘坐飞机，上海每天 100 万人打出租车，这些以百万数量级计的场景是我们熟悉且既往管理经验所能覆盖的；而在比特世界里，网络搜索每天 10 亿次请求，电子邮件每天 10 亿封，中国人每天发出手机短信 10 亿条，数量级以十亿数量级计，已经超出我们既有经验或者智力范围。互联网技术和经济的交汇，带来量级的指数式递升，倒逼我们从管理思想和管理方式上创新。

工业时代泰勒制为代表的管理模式，主要特点是等级分明、层层服从、部门间少横向联系、流水线式的线性管理。今天，我们面临的是一个网状的社会，社会结构立体而多维，传统的线性管理已越来越难以适应。网络互联、大规模协作，以及每一个管理单元的自我管理、自我驱动、自我组织变得极其重要。这样的管理力量从哪来，管理逻辑从哪来，对我们而言都是全新的话题。

从互联网工具到互联网经济体。互联网的发明，源自二战结束以后，美苏间的大国博弈和核竞赛。美国在研究如何防范苏联的第一次核打击时，提出分布式的指挥系统建设的想法，导致了最早四个节点的 TCP/ICP 的出现。互联网后续的演进均源自这样一个分布式计算规则的产生，源自这样一个技术体系底层的建立。今天，我们讨论所谓的去中心化，所谓的对等互联，所谓的开放，所谓的不分层级和分散控制的管理，核心仍是基于这个规则。

早期的时候，大家把互联网当作工具看待，主要利用网络收发邮件、BBS 聊天等；随着 3W 化、Web 化，大家认识到它还可以作为内容和传播渠道，门户和搜索引擎开始兴起；认识进一步升级以后，大家发现互联网还是一种基础设施；而当 3G、4G、WIFI、APP、智能硬件等大量扩展并渗透到生产生活的各个领域，由此催生出云计算和大数据产业的时候，互联网经济体开始逐步形成。

平台经济崛起

美国哈佛大学托马斯·艾丝曼教授的一项研究表明，全球最大的 100 家企业中，有 60 家主要收入来自平台商业模式；而市值排在前 15 位的互联网公司（其中 4 家为中国公司，其余 11 家为美国公司），无一例外都是平台模式。平台，已经成为一种重要的社会现象、经济现象和组织现象。

以淘宝网为例，从电子商务的视角来讨论平台经济。2014 年，我国电子商务交易额为（包括 B2B 和网络零售）16.39 万亿元，其中网络零售 2.79 万亿元，占社会零售总额的 10.6%。未来，这个占比很可能会达到 20% ~ 30%，甚至 50%。再看淘宝的数字，每天 1 亿人次登录淘宝网，8 亿件商品在大淘宝（淘宝＋天猫）平台销售，此外，还有 900 万大淘宝活跃商家，每天贡献 3000 万笔订单。2015 年"双十一"当天，整个大淘宝成交 912.17 亿元，前 1 分 12 秒完成 10 亿元交易，第 12 分 28 秒完成 100 亿交易。大家知道，王府井百货一年交易规模只有 200 亿。912.17 亿交易里，626.42 亿是移动端完成的，4.67 亿物流订单被创建起来，224 个国家和地区的商家或消费者参与到"双十一"。一个"全球买、全球卖"的场景出现了，验证着互联网跨时空的商业体系的重建。互联网经济突破了我们过去关于商业的经验和想象。

过去两三年，PC 互联网公司纷纷向移动互联网转型，平台型公司、共享经济模式大量出现；移动互联网革命，又推动新的独角兽公司不断崛起。据艾瑞咨询 2015 年 9 月的统计，中国市值超过 10 亿元的独角兽公司有 200 家，排名前两位的蚂蚁金服和小米科技，市值分别达到 460 亿美元和 450 亿美元。滴滴快的合并以后市值也达到了 150 亿美元。大众点评和美团合并之后，市值超过了 100 亿美元。

以平台经济为代表的互联网经济以生态化和复杂网络的形式呈现，打破了以往第一、第二、第三产业及所属行业划分的界限，互联网对商业模式重构、与传统经济制度冲突的一幕幕正不断上演。

商业逻辑变革

仍以大淘宝为例，讨论商业逻辑的重大变革——逆向互联网化的问题。逆向互联网化是以消费者为原点，逐步推导至零售、批发环节，进而上溯至品牌商、生产商、原材料供应商，产业链各环节逐步实现互联网化。大淘宝有 3.67 亿消费者和 900 万活跃卖家，以及 8 亿件商品在线上。当这三个要素上网并产生沉淀出大量数据之后，倒逼批发商也必须上网，把自己内部的 ERP、CRM 系统对接开放到互联网上。当交易和消费互联网化以后，支付和快递物流业也必须互联网化。

与逆向互联网化呼应的，C2B 的商业模式变得越来越普遍。过去工业时代的链条是线性的，产消两端信息不对称带来大量库存，原因是生产者不能很好地捕捉消费者需求，今天我们已经进入到消费者为中心的时代，任何商业制造、生产的环节都要围绕着消费者来组织，实际上是围绕消费者的数据来进行。C2B 的模式在生产过剩的时代变得越来越重要，整个产业链正在被倒置过来。

伴随着商业逻辑的重大变革，"大平台＋小前端＋富生态"的组织形态开始大量出现。新的分工体系被建立起来，它不再是孤立的、仅限于企业内部的协作体系，而是大规模社会化的协同。今天，如果还将淘宝简单地认为是一个卖货的地方，那肯定是错误的。因为在淘宝的生态系统里，有约千万级的活跃卖家以及他们背后的制造、金融、IT、营销、物流服务等相关行业。事实上，今天的互联网经济体是用比特网络、比特逻辑跟实体网络连接起来构造出的一个新的体系。

治理亟需创新

在互联网高速发展、平台经济蓬勃兴起的今天，我们所面对的互联网治理问题，前所未有，极度复杂。

过去政府对市场的监管是分地区、分行业的垂直监管，这种垂直监管的设计跟实际互联网平台经济网状化的运营无法完美衔接。在工业经济市场监管体系下，我们用工商登记、行政许可、商品检验、年检的方式进行交易前管理；交易当中进行抽检；交易后用消费者维权、司法救济、行政处罚、刑事责任、专项行动等来追溯事后交易责任。但是，今天互联网已经打破了原有的工业体系，而且把交易体系放大成巨大的交易场景，过去的监管政策、监管手段甚至监管队伍对平台经济的管理已经难以胜任。

比如淘宝网的电子商务治理方式，跟传统市场管理就有很大不同。我们采取在交易前实名审验、网站备案、消保基金、大数据风险预警；交易中间建立买家和卖家博弈制度，在商品售卖过程中进行信用评价、社交网络、网规约束、第三方支付担保交易。当卖家不能很好地遵从规则时，大量的买家会给他中评、差评，卖家信用分值低，买家看到这些信息的时候，很可能就会放弃购买。

目前，我们在电子商务治理上还在寻找更大突破的可能。我们正用数据驱动的方式建立一套新的互联网时代的市场监管体系和架构，建立一个权利人到知识产权保护平台的协同治理体系，也尝试着在莆田建立一套"中国质造"体系，扶持当地自主品牌转型升级，从根源上解决假货的问题。

实际上，互联网治理也是一个全球所共同面对的话题。全球互联网治理制度的演变大致分三个阶段：最早在科技和教育部门，用技术治理模式管理互联网，1998 年发展成立了互联网名称与数字地址分配机构（ICANN）；第二阶段，2003 年联合国世界信息峰会上全球互联网治理的话题被提出和讨论，紧接着 2005 年，联合国信息社会世界峰会第二阶段会议上提出成立一个广泛参与、民主透明、没有约束力的论坛，名为互联网治理论坛（IGF)，国家中心治理模式开始出现；如今，互联网治理进入到第三阶段，政府、市场、平台、公司、个人等多元主体在网状环境下的共同治理、协作治理。

去年金砖五国巴西会议上，习近平主席发表演讲提出"通过积极有效的国际合作，共同构建和平、安全、开放、合作的网络空间，建立多边、民主、透明的国际互联网治理体系"，明确表示支持多利益相关方的网联网治理模式。

ICANN 提出了互联网治理的三层架构，并与巴西互联网指导委员会和世界经济论坛联合发起成立全球互联网治理联盟。联盟致力于建立开放的线上互联网治理解决方案讨论平台，方便全球社群讨论互联网治理问题、展示治理项目、研究互联网问题解决方案。2015 年 1 月，联盟理事会选举出 20 名委员，中国国家互联网信息办公室主任鲁炜和阿里巴巴集团主席马云入选委员。6月30日，联盟首次全体理事会在巴西圣保罗召开，马云当选联盟理事会联合主席。

在工业革命时期，蒸汽机解放了体能带来了规模生产；在能源革命时期，电力带来大量廉价能源和贸易繁荣；在计算革命时期，计算机带来了专业计算和商业智能；今天的数据革命，云计算和大数据将实现大脑解放和智慧互联。"以控制为出发点的 IT 时代，正在走向激活生产力为目的的 DT 时代"。

互联网治理，不能再简单地理解为单边形式的管理，特别是不能简单理解成政府机构的管理。在从原子世界向比特世界迁移的过程中，在新场景、新技术、新生态驱动下，我们相信未来互联网治理一定是生态化的、多方协同的。

目录

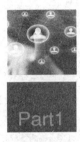

Part1

第一篇

大数据

自从维克托·舍恩伯格的《大数据时代》[⊖]畅销以来，大数据赢得了难以想象的关注度。但同时，从实务的角度来看大数据又有一点难以落地的感觉。这其中的原因在于，很多公司仍然没有建立起数据的收集到应用的基础设施，包括工具和人才配置，尤其是在实战层面上，对大数据还没有形成较为客观和理智的认知。追捧它的人认为它无所不能，在各种场合反复讲解一些"高大上"的案例，而质疑它的人则认定现有结构化数据就能说明关键问题，从而对其不以为然。事实上，大数据的应用还存在一定的缺陷，未能充分提升商业的价值，其实更需要企业家、产品经理等管理精英们的创造性思维，用数据的力量做出确切的关联和相互参照，使大数据能真正地形成一定的商业效应。

不要迷信大数据

几乎每个星期，我都要面试很多数据科学家，以及不少从业者。我问他们的第一个问题一般都是："在你心里，什么是大数据？"回答显示，原来业内的认知分歧丝毫不比外行少——至少有一半人对"大数据"这个概念不以为然，而是更关注有价值的数据、数据能产生什么价值。换言之，在部分人看来，"大数据"本身就是一个伪概念。我问的第二个问题是："目前为止，你做得最好的大数据案例是什么？"他们的回答都有个共同点，就是用大数据来处理数据的稀缺性。比如，北京的空气质量监测站是有限的，其数据对于监测站附近范围的质量呈现是比较准确的，但其余地区的质量数据是非常稀缺的。换言之，大数据能帮我们提高未知部分的准确度、精确度。

⊖ 《大数据时代》是国外大数据研究的先河之作，非常前瞻性地指出了大数据目前为我们生活、思维、工作所带来的改变，讲述了大数据时代的思维变革、商业变革以及管理上的变革。——编者注

有很多人在讨论大数据与小数据的关系。其实，这个问题衍生自大数据如何落地。大数据可以说明商业运营者找到了大致的方向，但真正落地到商业操作，反而不如小数据更有用、更有效。比如，很多运营者宣称自己的注册用户是多少量级的，但是1亿个注册用户的基础数据，不如1 000万个活跃用户的完整行为数据有价值。对初创企业进行客户探索、发现和验证时，几百个甚至几十个顾客、用户的完整数据比你得到的千万级数据更有价值。也许正是因为每个数据单元都有断裂或遗漏，大数据的价值才难以被挖掘出来。

因此，应用大数据的能力之一就是把数据变小。在构建数据模型时，你需要的样本其实不是千万，甚至不是面面俱到的数据，而是比较敏感的数据指标。这对数据收集和分析人员是巨大的挑战。实际上，大数据的应用和落地，也要以数据的细分为基础。例如，某电商顾客的真实性别就不一定与购物的性别偏向一致；再比如，分析比较关键词搜索量，要看北京、南京各多少，而不是笼统地说增长了多少。当我们用放大镜细查大数据时，就会发现有不少的"断链"和欠完整的数据。从某种意义上说，大数据没有真正的全面数据，关键在于你所使用的放大镜的倍数。即使基于大数据进行决策，也仍然有猜测和赌博的成分在其中。所以，我反而主张，大数据和小数据应该可以互为作用，而不必比较两者谁更强。

目前，大数据应用方面有个怪现象，就是有什么数据就收集什么数据，至于将来有什么用，一概不知，或者抱着"先收集再说，将来总有用"的想法。我的建议是，要从问题、愿景导向来收集数据。一方面，数据的收集、存储、备份等成本都不低；另一方面，数据的价值也可能衰减。

在我看来，以用户为核心的KPI（关键绩效指标）能实现与客户行为的点对点连通，是未来发展的大趋势。传统的用户价值是以利润贡献为核心指标来衡量的，而在大数据时代，客户关系的管理可能就不一样了。例如，我要知道一个客户一个月内访问淘宝多少次，不管他是否购买商品，而是要看他与淘宝的关系到底如何。同学举行婚礼，礼金重才是好哥们儿？显然不是这样的。一个星期内，用户花在视频网站、微博上面的时间是多少？未来竞争的是用户的注意力。在大数据的创新下，我们是否可以更容易得知你得到了多少用户的注意力呢？

公司要建立起数据收集系统，更重要的是要实施跟踪数据质量的监控。另外，针对一些关键数据要寻找多个源头，一方面确保"鸡蛋不在一个篮子里"，另一方面要相互比对、印证。对于实际运营的企业来说，数据必须有连贯性，而且要确保数据的真实性。因为如果数据的收集或获取本身就错了，那么后面的分析和决策无疑就建立在沙滩之上，"根基不牢，地动山摇"。

就现状而言，大数据技术更多地用于推荐和营销，不是因为它更容易，而是因为它容错的空间更大。比如，推荐系统给出了顾客不喜欢的推荐，大不了重新推荐，但一旦上升到直接解决问题的层面，其容错空间就大大缩小了。再比如，利用大数据技术来观测空气质量，错了也不会有大的影响，然而如果把这个指数和某个商业运营挂钩，就不是小事了。更何况如果数据是用在一台无人驾驶的汽车上，数据不准确的后果更是不堪设想。人们很喜欢谈论沃尔玛"啤酒与尿布"的故事，但是其相关性只发生在周五下班后，而且一年后这个关联就不再出现了，因此，数据部门要不断跟踪，不能一条经验法则走到黑。尤其是对数据的精确性要求较高时，数据的持续跟踪与多源比对就显得非常重要。也正因如此，大数据的应用还停留在比较肤浅的层次或者压根儿就还虚无缥缈。

作为创新的赛马场

有人看好大数据的前景，于是试图利用先前收集的数据开创新的事业或业务，但目前为止我还没有看到特别成功的例子。

首先，相对而言，拥有大数据的公司应用大数据比没有大数据的公司可能要容易一些。其优势是，对数据比较熟悉，知道其中的数据定义和数据收集中的难点与局限性，比外部合作者用得好。当然，创新是否容易被原有文化所限制，又另当别论。阿里金融的成功，是在游离母体与靠近母体间找到了一个动态的平衡，克服了外来数据所带来的困扰。例如，产品设计改版使得数据变化了，但数据生产方却未必有告知的义务。因此，数据使用者要监控数据源是否稳定。这也与数据公司的原有文化和业务范畴有关，一家善于构筑堡垒的公司即使有无可比拟的数据资源，很可能宁愿等着数据价值的衰减，也不愿意将其有效利用。

其次，是应用大数据开创新业务的能力问题。许多业务运营者可能收集了大量的数据，但能否挖掘出"原业务"以外的创新性业务，到目前为止仍然是一个巨大的挑战。商业创新有时候表现为不可思议的关联，但总体而言，由这种突破性的关联带来创新业务的概率是非常低的。

传统企业怎么办

到目前为止，我们在谈论大数据的时候，从根本上忽略了一点，很多企业本身是有其架构的，不会因为大数据就立即变得不一样了。很多公司连信息都未打通，信息是堵塞的、零散的，更不要说大数据的应用了。大数据作为一种新的运营理念和方法体系，要想嵌入到公司里，必然要经历一个新事物在旧公司的所有困难。比如，想要的数据无法采集。很多公司口口声声说"以客户为中心"，但关于客户的数据要回流到公司核心决策里却不容易，其统计口径与企业 KPI 不一致。这些与今天我们所说的大数据没有关系，仅仅是数据化，却是大数据的基础。如果在一家公司里，想要看的数据没收集，或流动不顺畅，却被大数据所迷惑，那就是本末倒置。

但这并不是说，传统企业可以对大数据应用置若罔闻。传统企业要反躬自问：有没有一些数据，今天不收集，将来会后悔？如果这些数据被对手收集到，会怎么样？要做到这一点，就要对公司半年后、一年后或两年后的方向非常清楚，或者至少有个概念。实际上，我们的互联网上充斥着很多与企业相关的信息或数据，但未得到足够的重视，这主要是观念问题，而不是能力问题。

今天人们所说的 IT（信息技术），其实越来越趋向于数据化，商业智能要把销售数据、营销数据和消费者数据打通，而不是让它们各自孤立。传统企业高管应该重视数据的关联应用，至少不能只满足于财务报告的数据，不要容忍人力资源部连主动离职率与服务水平都关联不起来去洞察。要有步骤地构建起数据的收集系统，培训对数据高度敏感的人员。当然，从一种有效的策略来说，先把既有的数据用好，比盲目推进大数据要明智得多。你要重新定义你的数据框架来解决存在的问题。比如，很多企业都开启了公司微博，其测定效果是转发多少、评论多少。但实际上，你要细分你的数据，进一步厘清谁、什么样的转发和评论才是有价值的，还要和相似的企业微博进行对比。

传统企业究竟是应该建立起自己独立的数据收集系统，还是使用别人提供的数据？我认为要兼有，既要有侧重地独自收集，也要多源化地获取数据，尽力排除各种数据在收集过程中形成的偏差，这既是一个技术问题，需要数据人员付出艰辛的努力，也是一个战略问题，需要回到前文所述的小数据问题。

（本文刊于《阿里商业评论·大数据》，2014 年 7 月）

电子商务示范城市发挥重要支柱作用

盛振中：阿里研究院高级专家

2011 年，国家发改委、商务部、财政部等部委联合分批确定了深圳、广州、杭州、上海、北京等 53 个城市为"国家电子商务示范城市"。《2013 年中国城市电子商务发展指数报告》显示，有 44 个"国家电子商务示范城市"入围"电商百佳城市"，其中 8 个城市进入前 10 名：深圳名列榜首，广州和杭州分列第二位和第三位，其他 5 个城市依次为北京、上海、厦门、苏州和南京。

国家电子商务示范城市项目专家组成员阿拉木斯认为："电子商务示范城市"之所以在发展指数排名中"大获全胜"，关键是示范城市出台了大量的扶持政策，做了很多的政策创新，相较于硬件环境的建设，这些软件环境的创造则成为更重要的推进因素。深圳、广州、杭州等城市名列前茅，也从另一个方面印证了这一点。

深圳市经济贸易与信息委员会数据显示，从 2009 年以来，深圳市电子商务交易额一直保持 50% 左右的增长。2013 年，深圳全市电子商务交易额达到 9 510 亿元，同比增长 51%，增速远高于全国平均水平（33.5%）。

阿里研究院进一步分析发现：这 53 个"国家电子商务示范城市"的 B2B（企业对企业进行的电商交易）网商数量（含内贸和外贸）在全国占比超过 70%，零售网商数量占比超过 65%，网购消费者数量占比超过 55%。由此可见，电子商务示范城市发挥着重要支柱作用。国家电子商务示范城市的电子商务发展指数及排名见表 1-1。

《2013 年中国城市电子商务发展指数报告》是阿里研究院基于阿里巴巴平台的海量数据，在对 294 个地级及以上样本城市进行深入研究的基础上形成的。阿拉木斯认为，报告中第一次用大数据揭示了"国家电子商务示范城市"发展的成果和意义。

表 1-1 国家电子商务示范城市的电子商务发展指数及排名

城市	省份	电子商务发展指数	排名	城市	省份	电子商务发展指数	排名
深圳	广东	37.49	1	天津	天津	15.31	41
广州	广东	33.36	2	南昌	江西	15.17	42
杭州	浙江	33.22	3	芜湖	安徽	14.32	46
北京	北京	27.95	4	昆明	云南	13.71	50
上海	上海	27.16	5	沈阳	辽宁	13.58	52
厦门	福建	24.96	8	南宁	广西	13.35	54
苏州	江苏	22.75	9	贵阳	贵州	13.20	57
南京	江苏	22.72	10	银川	宁夏	12.91	59
东莞	广东	22.40	11	烟台	山东	12.78	60
宁波	浙江	21.83	14	兰州	甘肃	12.74	62
武汉	湖北	20.10	16	汕头	广东	12.67	63
温州	浙江	19.66	17	呼和浩特	内蒙古	12.55	64
莆田	福建	19.34	18	长春	吉林	11.04	78
无锡	江苏	18.45	19	石家庄	河北	10.93	80
福州	福建	18.07	21	徐州	江苏	10.90	82
成都	四川	17.87	22	重庆	重庆	10.23	91
台州	浙江	17.78	24	哈尔滨	黑龙江	10.06	93
常州	江苏	17.75	25	株洲	湖南	10.00	94
长沙	湖南	17.52	26	揭阳	广东	9.28	113
郑州	河南	16.96	29	宜昌	湖北	9.24	114
西安	陕西	16.47	32	桂林	广西	9.19	115
太原	山西	16.45	33	潍坊	山东	8.94	122
合肥	安徽	16.38	34	洛阳	河南	8.89	123
泉州	福建	16.26	35	襄樊	湖北	8.72	129
青岛	山东	15.81	37	吉林	吉林	8.26	144
济南	山东	15.68	39	赣州	江西	7.48	181

说明：以上列出的 52 个城市的为地级及以上城市。另外，义乌是县级市，电子商务发展指数为 46.62，位居"电商百佳县"第一位。详见阿里研究院发布的《2013 年中国县域电子商务发展指数报告》。

资料来源：城市名单来自国家发改委，数据来自阿里研究院，2014 年 3 月

中国外贸网商密度最高的 25 个城市

根据"阿里巴巴电子商务发展指数"（aEDI），阿里研究院分析发现外贸网商密度最高的 25 个城市如表 1-2 所示。

表 1-2　外贸网商密度最高的 25 个城市

排名	城市	省份	排名	城市	省份
1	深圳	广东	14	青岛	山东
2	金华	浙江	15	无锡	江苏
3	宁波	浙江	16	常州	江苏
4	广州	广东	17	珠海	广东
5	厦门	福建	18	苏州	江苏
6	中山	广东	19	湖州	浙江
7	东莞	广东	20	遵义	贵州
8	佛山	广东	21	潮州	广东
9	温州	浙江	22	泉州	福建
10	杭州	浙江	23	江门	广东
11	台州	浙江	24	上海	上海
12	绍兴	浙江	25	阳江	广东
13	嘉兴	浙江			

说明：外贸网商密度 = 外贸网商数量 / 人口数量。
资料来源：阿里研究院，2014 年 3 月

在这 25 个城市中，长三角地区占 12 个，珠三角地区占 9 个。资深外贸专家肖锋认为，中国外贸出口 70% 分布在长三角、珠三角沿海地区，这 25 个城市与外贸发展状况相符。

肖锋还进一步带来了对外贸电商的深度洞察。

为外贸网商支招儿：向综合服务业要收益

国家海关数据显示，2014 年中国一般贸易出口占比已达出口总额的 53.8%，这个趋势还在增长，即"两头在外"的以纯加工为收益的出口产品比重在下降。外贸网商群体均为以一般贸易出口方式为主的中小微民企，以加工贸易方式出口的则大多为外资企业。

肖锋认为："一般贸易出口，除了制造业收益外，还可以向国际金融、物流、渠道、品牌等综合服务业领域要效益。中小外贸企业可以通过产品差异化、自主品牌、自主营销提升价值，也可以通过进出口流通服务外包的方式，降低流通成本、改善交易条件，特别是金融服务条件。"

外贸电商服务：迎来黄金机遇

随着外贸结构的变化和网商的逐步转型，肖锋认为："外贸电商应用，也将由网络营销、跨境零售 B2C（企业对终端消费者），向外贸综合流通服务延伸。"基于这样的发展形势，国务院办公厅专门发布文件，鼓励外贸综合服务企业为中小出口民企提供通关、退税、融资等服务。商务部也把支持大型外贸综合服务企业发展作为提升中国外贸竞争新优势的重点工作。

由此可见，外贸电商服务正迎来黄金机遇，以外贸服务平台—达通为例，2014 年 3 月份，光是出口订单就达到 8 298 单，比 4 年前的同期增长了近 50 倍。

中国内贸网商密度最高的 25 个城市

根据"阿里巴巴电子商务发展指数"（aEDI），阿里研究院分析发现内贸网商密度最高的 25 个城市如表 1-3 所示。

表 1-3　内贸网商密度最高的 25 个城市

排名	城市	省份	排名	城市	省份
1	金华	浙江	14	湖州	浙江
2	深圳	广东	15	常州	江苏
3	东莞	广东	16	无锡	江苏
4	中山	广东	17	上海	上海
5	温州	浙江	18	潮州	广东
6	广州	广东	19	厦门	福建
7	宁波	浙江	20	扬州	江苏
8	台州	浙江	21	镇江	江苏
9	佛山	广东	22	泰州	江苏
10	嘉兴	浙江	23	汕头	广东
11	绍兴	浙江	24	泉州	福建
12	杭州	浙江	25	青岛	山东
13	苏州	江苏			

说明：内贸网密度＝内贸网商数量/人口数量。
资料来源：阿里研究院，2014 年 3 月

这个榜单揭示了内贸电子商务发展的地理格局，我们还要关注榜单背后蕴藏的重要信息。

大数据

网商密度具有重大的经济意义

企业密度，即平均每 1 000 人拥有的企业数量，可以反映一个城市的商业环境和企业活力。清华大学教授经济学家刘鹰研究发现：企业密度对美国各州经济有重要意义，企业密度每增加 1%，州生产总值增加 1.2444%，个人收入增加 1.0957%。

类似地，网商密度也具有重要经济意义。目前，网商的主体是小企业。城市的网商密度高，一方面说明当地商业环境好，小企业创业和经营活跃；另一方面，大量小企业蓬勃发展，在增加收入和创造就业机会方面具有重要贡献。以义乌为例，义乌是全国小企业发展最活跃的县之一。2013 年，注册地在义乌的网店超过 11 万家，完成的交易额超过 380 亿元，位居全国县级市之首，也超过众多地级市。

电子商务助力产业集群转型升级

近几年，面对经济增长放缓、企业成本上升、竞争日益激烈等内外挑战，产业集群企业大批转型上网，由此催生线上产业带，比如广州服装、泉州茶叶、温州皮鞋等。据阿里研究院不完全统计，截至 2014 年 3 月，在阿里巴巴等电子商务平台上的在线产业带超过 250 个。

电子商务对产业集群转型发展具有重要而深远的影响。它不仅帮助企业通过互联网直接对接国内外大市场，极大地扩展市场范围，而且能通过信息共享，极大地提高整个供应链的运作效率，减少库存，降低交易成本。

2013 年，淘宝卖家向产业带企业在线下单，形成的订单超过 3 500 万笔。产业带企业由此共享到网络零售快速发展激发的巨大商机，而上百万名淘宝卖家则在解决货源难题上找到了有效的对策。

此外，伴随着电子商务的蓬勃发展，商业创新大量涌现。在服装、家电、家具、食品等行业，电子商务企业通过定制、团购、预售等探索"按需生产、以销定产"的全新模式，突破了"同质化竞争、微利润生存"的困境。

中国零售网商密度最高的 25 个城市

根据"阿里巴巴电子商务发展指数"（aEDI），阿里研究院分析发现零售网商密度最高的 25 个城市如表 1-4 所示。

表 1-4　零售网商密度最高的 25 个城市

排名	城市	省份	排名	城市	省份
1	广州	广东	14	泉州	福建
2	深圳	广东	15	珠海	广东
3	杭州	浙江	16	温州	浙江
4	金华	浙江	17	佛山	广东
5	莆田	福建	18	宁波	浙江
6	嘉兴	浙江	19	郑州	河南
7	北京	北京	20	南京	江苏
8	厦门	福建	21	武汉	湖北
9	中山	广东	22	湖州	浙江
10	上海	上海	23	丽水	浙江
11	东莞	广东	24	福州	福建
12	苏州	江苏	25	无锡	江苏
13	台州	浙江			

说明：零售网商密度＝零售网商数量/人口数量。
资料来源：阿里研究院，2014 年 3 月

这些城市零售网商大规模、高渗透发展，无论是对于助力当地优势产业跨越地域边界，还是促进新兴产业创新发展，都具有重要意义。

网络零售呈现明显产业带动效应

近年来，网络零售高速发展，直接带动快递、网络营销、电子支付、运营服务等电子商务服务业高速增长。以快递服务业为例，国家邮政局数据显示，2014 年，全国规模以上快递公司完成业务量达 139.6 亿件，中国超越美国位居全球最大的快递市场，其中超过 60% 的包裹来自网络零售。全国共 29 个城市的快递服务业收入超过 10 亿元。其中，上海、深圳和广州的快递服务业收入位居前三甲，分别超过 361 亿元、168 亿元和 159 亿元。在这些城市，网络零售对快递服务的带动作用特别显著。

阿里巴巴集团高级研究员、中国信息经济学会常务理事梁春晓认为："应用与服务是电子商务发展的两个轮子，电子商务正是在这两个轮子的驱动下快速成长和扩展的。两个轮子互为支撑、相互拉动、协同发展。一方面，作为'交易的基础设施'，电子商务服务业及其生态体系显著降低了电子商务应用成本和门槛，使应用的大规模普及和深化成为可能；另一方面，以交易为核心的电子商务应用快速发展，对各种专业化服务提出需求，显著促进了电子商务服务的兴起和生态爆发，使电子商务服务业的崛起成为近年来电子商务发展中最重要、最具深远意义的大事。"

电子商务服务业成为战略性新兴产业

在上海、杭州、北京、广州、厦门等城市，伴随着电子商务的蓬勃发展，电子商务服务商和电子商务园区大量出现，有的城市已进入"电子商务服务业集群化"发展新阶段。

梁春晓认为："尤其值得注意的是，线上应用的发展带动了线下服务业的发展，正在催生遍及全国的本地化电子商务服务业，推动各地服务业发展和经济结构转型，进而支撑更大范围的经济转型和升级。"

电子商务服务业成为这些城市的战略性新兴产业，在帮助小企业转型、促进产业升级、创造就业机会等方面发挥着巨大作用。

以杭州为例，杭州市经信委数据显示：自2010年起，杭州市电子商务服务业收入连续4年增长超过60%；2012年，杭州市电子商务服务业收入达335亿元，电子商务服务业增加值占全市GDP（国内生产总值）的比例，由2010年的1.15%提升到2012年的2.99%，2013年达5%；预计2015年，杭州市电子商务服务业收入有望突破1 000亿元，创造60万个网上就业岗位。这意味着，电子商务服务业将成为杭州新的支柱产业。

中国网购消费者密度最高的25个城市

根据"阿里巴巴电子商务发展指数"（aEDI），阿里研究院分析发现网购消费者密度最高的25个城市如表1-5所示。

表1-5　网购消费者密度最高的25个城市

排名	城市	省份	排名	城市	省份
1	深圳	广东	11	武汉	湖北
2	广州	广东	12	太原	山西
3	杭州	浙江	13	中山	广东
4	珠海	广东	14	西安	陕西
5	北京	北京	15	海口	海南
6	厦门	福建	16	成都	四川
7	上海	上海	17	郑州	河南
8	南京	江苏	18	三亚	海南
9	东莞	广东	19	宁波	浙江
10	苏州	江苏	20	福州	福建

（续）

排名	城市	省份	排名	城市	省份
21	长沙	湖南	24	嘉兴	浙江
22	佛山	广东	25	合肥	安徽
23	金华	浙江			

说明：网购消费者密度 = 网购消费者 / 人口数量。
资料来源：阿里研究院，2014 年 3 月

电子商务对中西部城市的战略价值格外显著

阿里研究院高级专家谢周佩分析认为："在这 25 个城市中，有 6 个来自中西部。2013 年，中西部城市的网购增长速度远高于东部，可见，网络购物已深深渗透线下零售不够发达的地区。"中西部城市的商业基础设施明显发展不足，数据显示：西部的人均收入是东部的一半，但其人均批发零售营业面积只有东部的 1/3~1/4。（详见阿里研究院报告《新基础：消费品流通之互联网转型》）。

对于中西部城市来说，电子商务的战略价值格外显著，因为互联网给消费者带来了多种便利。通过网络，消费者可以买到在当地无法获得的商品。实体零售店提供的商品数量和种类不够丰富，尤其是知名品牌商品和个性化商品。另外，通过网络，消费者购买很多商品的费用低于实体零售店。传统的流通体系包含代理、批发、零售等多个中间环节，导致商品价格偏高。网络零售可有效地减少中间环节，降低流通成本。据麦肯锡全球研究院测算，网上价格平均比线下价格低 6%~16%。

电子商务促进增量消费

在促进增量消费方面，电子商务的作用日渐明显。一是体现在已有网购消费者可观的新增消费上。麦肯锡的数据显示：消费者通过网购消费的每 100 元中，有 39 元属于新增消费，而在三四线城市以下地区，新增消费则达 57 元。因此，在 2014 年李克强总理的《政府工作报告》中，网络购物被列为新的消费热点。

二是体现在新增网购消费者的巨大规模上。中国互联网络信息中心的数据显示：截至 2015 年 6 月，我国网购消费者规模达 3.74 亿人，较上年同期新增 4240 万人。网购消费者增速是网民增速的 2.2 倍。这意味着，网络零售市场正迎来令人期待的增量客户。

（本文刊于《阿里商业评论·大数据》，2014 年 7 月）

数据工作者的数据之路：从洞察到行动

闫新发：花名算者，阿里巴巴集团 OS 事业群数据分析专家

数据时代来临，人人都在说大数据分析，可是说到未必做到，真正能从数据中获得洞察并能指导行动的案例并不多见，数据分析更多的是停留在验证假设、监控效果的层面，通过数据分析获得洞察的很少，用分析直接指导行动的案例更是少之又少。

从洞察到行动，数据可以发挥更大价值，前提是我们对数据分析有更深层的认知。

分析的四个层次

数据分析是分层次的，从开始数据分析到促成行动、达成目标，需要经历很多阶段，从上至下对应的分析层次包括：表象层、本质层、抽象层和现实层（见图 1-1）。

表象层就像汽车仪表盘，实时告诉你发生了什么，并适时做出警报提示，是"what"。分析师要做的事情就是搭建指标体系，进行各种维度的统计分析。

本质层像诊断仪，不再局限于观察肉眼可见的表面症状，而是去检测身体内部的问题，这个层面要揭露现象背后的动因，找到规律，是"why"。要进行个案分析，获得需求动机层面的认知，然后对个体进行聚类，获得全面的洞察结果。

抽象层是从特殊到一般的过程，对业务问题进行抽象，用模型去刻画业务问题，是"how"。这个层面做的事情就是把问题映射到模型，然后再用模型去做预测，减少不确定性，其产出主要是分类（标签）和排序（评分）。

现实层是从一般到特殊的过程，将抽象的模型套用到现实中来，告诉大家如何去行动，是"when、where、who and whom"。就像航标，要时刻为业务保驾护航，指导业务的行动，其产出主要是规则和短名单。

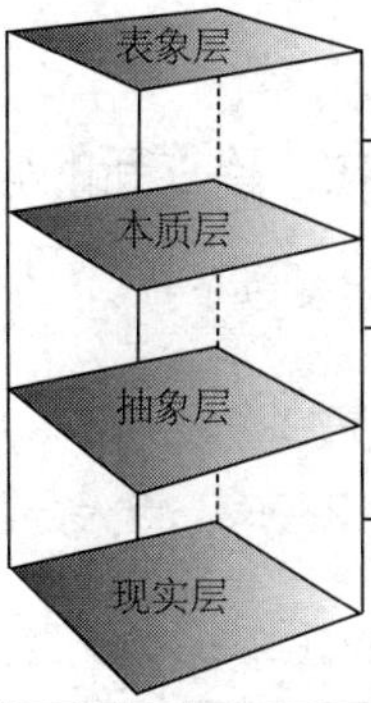

分析的四个层次	任务/关键工作	产出举例	类比
表象层	看现象 搭建指标体系、统计分析	问题、机会	仪表盘
本质层	挖本质 个案分析、族群研究	规律、动机 特征	诊断仪
抽象层	出策略 业务建模	分类（标签）、排序（评分） 模型	指南针
现实层	促行动 行动建议	规则/短名单	航标

图 1-1　分析的四个层次

在明确了分析的层次后，要想从洞察到行动，需要做到 4 个层次的穿透和每个层次的深入。首先，分析要能够穿透各个层次，上下贯通，数据分析的价值才能立竿见影。其次，在分析的每个层次上要做得深入。

在表象层，看数据要深入

主要体现在两个方面：

1. 从"点"到"线面体"。

一般来讲，想看数据的人潜意识里是要成"体"的数据的，只是沟通过程中变成了"点"的需求，因为"点"简单，容易讲明白。但是，这次给不了"体"的数据，下次还会围绕"体"的数据提出各种"点"的需求，这个时候我们需要延伸一下，提前想需求方之所想，就不用来回重复了。

2. 关注数据之间的逻辑关系。

这方面最值得借鉴的就是平衡计分卡，从数据指标的角度去看，平衡计分卡就是一套带有因果关系的指标体系（见图 1-2）。

平衡计分卡通过战略示意图把策略说清楚讲明白，通过 KPI 进行有效的衡量，被评价为"透视营运因果关系的绩效驱动器"（台湾政治大学会计系教授吴安妮）、"将策略化为具体行动的翻译机"（台湾大学会计系教授杜荣瑞）。

平衡计分卡对我们的启发是，人人都可以梳理出一套和自己业务相关的有逻辑关系的数据指标体系，通过它实现聚焦和协同。

在本质层，深入理解业务模式，并跳出既有的思维模式，建立新的心智模型

以淘宝为例，淘宝业务的本质是什么呢？其中一个答案是复杂系统。

大家都知道，淘宝是一个生态系统，淘宝是一个典型的由买家、卖家、ISV（独立软件开发商）、淘女郎等各种物种构成的复杂系统，而阿里巴巴是一个更大的复杂系统。

复杂系统对我们的启发是，关注个体（系统内部买家、卖家等参与者）的同时，注意分析个体在群体中的位置和角色，分析群体的发展潜力、演化规律、竞争度、成熟度等，分析群体和群体之间的关系。同时，对应的抽象层建模的方法也要与之适配。

在抽象层，微观上构建更加抽象的特征，宏观上构建更加抽象的模型

1. 在既有的分析和挖掘框架下，构建更加抽象的特征（也可以理解成维度、指标）。

这个可以类比现在最火的 Deep Learning（深度学习）技术，如果对一个图片进行识别，即使你获取的是像素信息，通过深度学习可以自动获得像素背后的形状、物体的特征等中间知识，越上层的特征越接近真相。

Deep Learning 技术对我们的启示就是，在交易笔数、交易金额这种"像素级别"特征（指标）的基础上，可以考虑交易笔数是否连续上升、营销活动交易占比等带有业务含义、更加抽象，同时接近业务的特征（指标）。用抽象的特征去建模可以提升模型的效果，用抽象的指标去分析可以更贴近业务需求。

2. 宏观方面，可以用更加抽象的方式对业务进行建模。

前面提到淘宝是复杂系统，我们也可以对复杂系统进行建模。如果进行适当的简化，对淘宝做一个高度抽象，那就是一个字："网"。节点是买家、卖家等物种，线就是购买、收藏、喜欢等行为产生的关系。整个淘宝就是一张大网。

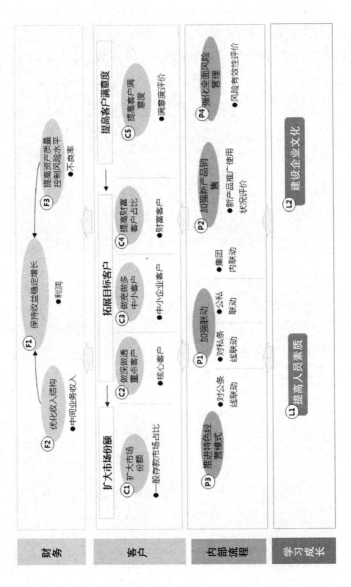

图 1-2　某银行平衡计分卡战略示意图

大数据

在现实层，要深入到业务中去，不断提升对相关业务的认知能力

　　心态上不要自我设限，分析无边界，分析师要主动参与到业务模式、产品形态的规划和设计中去。要了解业务，在此基础上灵活运用模型的产出，比如：一个风险控制策略，假如已经有一个风险事件打分模型对风险事件打分排序，分析师可以根据业务需求灵活设计模型的使用策略，例如，对于风险得分最高的时间段，机器自动隔离，风险得分偏高的，用机器＋人工审核的半自动方式进行隔离。模型是死的，活用要靠人。

（本文刊于《阿里商业评论·大数据》，2014 年 7 月）

大数据的垂直领域兴趣应用

刘子正：新浪微博常务副总经理

工业革命的时代标志，是煤炭、石油、铁矿石等自然资源的大规模开发应用。人类进入互联网时代后，最开始是硬件设备的发展，比如芯片、光纤、存储。今天我们已经进入了数据互联的时代，时代的新赢家是拥有数据金矿的人。这些数据由互联网用户产生，真正的赢家要思考如何去挖掘数据中的金矿。

移动互联网和个人电脑互联网不同

个人电脑互联主要靠超链组成，像搜索引擎等产品就是靠超链分析之类的算法和技术，实现个人电脑互联作用的。而移动互联网则通过"关系"来互联，这个关系和个人电脑互联网的超链是不同的。

我们日常生活中存在着很多看上去毫无关联的元素，比如：普通人、明星、专家；再比如说某些电影、公司、旅游景点、汽车，还有经常去购买的商品。作为一个普通人，我们可能会和每一个节点形成一些"关系"。这些关系存在于很多不同的层面，在线下也是能够感觉到的，但是在线下是松散的结构。通过移动互联，这样一些关系可以追踪，也可以沉淀。

新浪微博大数据就是基于这样一些关系网络形成的。数据来源不仅仅限于微博，还有新浪门户网站。新浪微博有比较强的账号体系，用户可以从很多第三方合作伙伴直接登录，因此新浪微博的数据源很多都来自更广泛的数字产品。新浪微博是移动互联网的先行者，目前为止，新浪微博在移动互联网领域占全球用户 75% 以上的份额，规模非常大。

大数据

新浪微博如何生产大数据

大数据有 4 个特征，就是所谓的 4V，即：多样性（variety）、高速性（velocity）、规模性（volume）、价值性（value）。新浪微博的大数据除了 4V 以外，还有其他更为重要的特征，这体现在新浪微博生产大数据的过程中。

第一是"连接"。如果数据没有连接，微博账号就会成为一些孤岛。只有利用一个关系、一个账号体系，把不同的信息孤岛数据联系在一起，微博和所产生的数据才有价值。指纹登录技术所产生的指纹、一个人平时的上网记录、各种应用的登录 ID（账号）等都是可以连接产品的，而且链接是在不知不觉中产生的。

第二是数据流动。静态数据的价值很有限，必须让它流动起来、传播起来，以网络为基础，才能发挥出数据的价值。

第三是开放。如果是封闭的体系，其中的数据价值就很难得到发挥。数据需要在开放的环境中，让更多人有意识地传播，才能形成良好的生态体系。

第四是云计算能力。在服务器端的原始数据，如果没有经过加工，其价值也是有限的。原始的数据可以通过云计算组织，把蕴藏的价值挖掘出来。

第五就是满足上面几个条件之后再通过平台化服务，让第三方合作伙伴可以来分享。

知识图谱是构建大数据的基础

大数据是基于关系构建的，构建出来的是"知识图谱"。2014 年有个比较流行的话题：时间都去哪儿了？大家都知道同名歌曲通过春晚得到了广泛传播。这首歌和很多其他元素之间产生了一个关系，这个关系可能是有形的，也可能是无形的。这首歌是电影《私人订制》的插曲，所属的专辑是《爱的自选》，演唱者是王铮亮，是流行歌曲，比较伤感。继续往下延展：《私人订制》这部电影的导演是冯小刚，主演是葛优，他们又分别导演和主演过其他片子，再次形成了扩散。

以知识图谱为基础，可以形成社交网络的突破。普通用户和名人大 V（粉丝众多的微博用户）之间会存在一个关注与被关注的关系，知识图谱会成为另外一个抽象层次的映射。电影《小时代》会关联很多的元素，比如主演、发行公司等。说到主题曲，就会关联其他一些歌曲；说到导演，会关联其他的作品，又形成一个知识图谱。每一个节点指代一个真实的人或者是一家公司、一个机构。

如果在社交网络的层次上和知识图谱进行映射，一个人感兴趣的一个东西、一类知识，就形成了兴趣图谱的立方体，这就是新浪微博的底层大数据的结构。有了这样的结构支撑，新浪微博的想象或者应用空间就会比较广。

新浪微博的数据应用

数据是什么？就是底层的知识图谱和兴趣图谱的组织。数据层是知识图谱加上兴趣图谱；平台层把这样一些知识图谱的数据进行组织，实现组件化的输出。在移动互联网上，这是很流行的展现形式。这样图谱的输出可以按照不同的筛选方式，比如会形成一首歌、作词编曲是谁、演唱者是谁，可以进行各种各样的排序。

平台层的输出之后可以直接扩展到各种应用，比如娱乐客户端、博客、游戏、音乐、演出，各个垂直类型应用都输出很多数据，从结构化到套件化、产品化。

微博的信息实时性非常强，流速很快。新浪微博上线以来，积累了大量的数据，这些数据都是可以挖掘的金矿。按照上面提到的数据的组织方式，加上数据挖掘的算法，可以把原始数据转化成专业的知识，再结合数据级服务的平台，实现对移动互联网产品和应用的输出。

比如《致青春》，这部电影的导演赵薇，也是微博的用户，她会以导演的身份在微博上谈论对这部电影的感受。新浪微博区别于其他平台的地方，在于有主创人员、专业影评人和演艺圈专业人士的权威评论，根据用户关注度聚合输出。每条微博都有传播的热度。比如关于音乐的话题，微博个性化流媒体服务可以实现发现方式的革新。你在微信上的联系人可能更多的是自己的好友、家人，但是你们的喜好不一定是相同的。但微博上每个人都会关注自己感兴趣或专业领域内的专业人士，比如说影评人或者旅游达人，可以发现品位相近的好友，或者在专业领域有影响力的专家用户的内容，因此微博更符合个性化的口味。

比如音乐领域，新浪微博推荐产品类的应用得到大幅度优化，通过目标听众的基准定位，可以实现精彩推荐。比如汪峰发行了一首新歌，好友的赞、好友的分享、乐评人的点评，都可以聚合到一起。微博上也会有用户主动选择的机制，比如"点赞"。大多数用户对某项内容感兴趣，也会把该内容输出给其他用户，最终结果都是用户选择而成的。微博 24 小时赞榜，也可以通过不同的属性来实现。比如，我想听怀旧或者具有浪漫情怀的歌，这样的歌曲有哪些；比如，我早上起来开车上班时收听到的类似电台形式播出的

大数据

歌曲，都可以根据我当时的选择来输出；比如，在微博上的一些音乐人会选择在微博上首发歌曲，可以第一时间通过微博的传播网络传达给他们的粉丝们。

图书领域的应用也很典型。很多电影都是先有原著图书再改编成电影，微博就做了一个图书排行榜。这个排行榜的形成有它的逻辑，因为很多专业化领域的产品都可以评论图书的热度。但是微博作为一个跨领域、跨行业的产品，也有它的特点。比如，可以根据知识图谱形成一个跨领域的输出，这个榜单的输出代表的不是图书本身的热度排序，而是这本书背后翻拍成的电影的热度。由于《致青春》这部电影上映时非常火，所以同名图书当时排在第一名。《小时代》也是一样，那段时间郭敬明和《小时代》这部电影都非常火，很多人想看看背后的原著，所以在排序里我们也把书按照电影的排序排出来。

新浪微博是一个平台级的服务，因此这些应用不仅仅可以在新浪微博内部使用，还可以把结构化的输出用平台形式开放出来。比如一些新的产品需要一些内容，就可以通过开放平台的接口实现一些调用。再比如第三方旅游的 App（第三方应用软件），可能会有很多话题，如好友热赞的美景、在某一个景点关注的话题、推荐的周边住宿或者快速住行路线等，都可以通过数据输出的平台把内容筛选出来，挂在产品里给用户提供更加丰富的内容，而且和每个用户兴趣密切相关。又如汽车类的 App，用户看到某款车型的时候，谈论这款车型的评论内容或者微博内容都可以在产品里展示出来。这样既可以增加用户对这个产品的认知和了解，也可以促进汽车的推广和营销，还可以因地制宜营造专业圈的效应，根据用户所在区域、围绕专业品牌形成比较有价值的信息流。

微博内容还可以作为公开衡量一些行业的标准。比如，可以衡量一个电视节目是不是受欢迎。在不同时间点里出现话题的变动，都是线上、线下实时互动的结果。

在 2014 年春节之后，我们会看到新浪微博用户在情人节那天在全国的签到比例。酒店、公园、购物中心、校园、餐馆等，是当时排在前几名的热门签到点。我们还可以通过情人节异地情侣"为爱奔走"的数据展示图，看到不论南、北、东、西，在全国范围内都有大量人员在流动。

微博上 6 亿多次经纬度的签到数据，可以绘制一幅美丽的世界地图，像是在用微博看世界，这都是微博的大数据后台承载的内容。

（本文刊于《阿里商业评论·大数据》，2014 年 7 月）

不同状态的企业，对于数据的关注点不同

我们要非常注意企业所处的状态，包括企业状态和数据状态。一个企业处在不同的状态之下，对于数据的关注点是不同的。例如，目前的阿里巴巴，业务量大、数据繁杂，所以我特别希望从数据里发现它的价值。而对于数据比较少的公司，由于还没有这么多数据，所以短期内不用担心这个问题。

如果已经有海量数据，在这个海量数据中心里面寻找一些有价值的东西出来，这可能是大数据。马云曾说过：凡是已知某种关系，运用这个关系数据计算出一个结果来，或者找出一个规律来，这不是大数据；凡是不知道某种关系，但是刚刚找到这种关系，并且运用这种关系能产生出额外价值的时候，这才是大数据。而如果这种大数据已经找到了，它逐渐也就不是大数据了，你要再寻找跨界的其他数据。当这个数据能产生新的价值时，你就又找到了大数据。

未来，BI 部门像无人看管的汽车

现在，阿里巴巴的 BI（商业智能）部门改名为数据技术与产品部，只保留一个 BI 二级部门。

未来，我想象中的 BI 部门可能会走向这个方向：它像一个无人驾驶的汽车，没有具体的小二（淘宝客服的昵称）负责，但可以走出正确的道路。当然，这不会在所有场景都能够实现，而是要先选择一些好的场景来实现。在这个场景中，数据、模型能像汽车一样自己走出来。目前，淘宝 BI 数据已经尝试走向这条路了，未来如何做到像无

23

人驾驶汽车一样自己找到出路，仍需要不断实践。

大数据转型革新时期，BI 分析师更容易适应转型

凡是 BI 人员，肯定要十分精通数据业务。所以，当作数据挖掘或很多其他数据工作的时候，他们肯定要比其他人做得更好。

当一家公司转型做数据业务时，分析师非常容易转型成功。例如，以往 BI 人员很怕临时需求，但是我发现一线分析师经过专业上的锻炼之后，已经成为全能型人才：从底层数据提取，到中间层数据挖掘，一直到最终解决问题，全部独立完成。目前有一些人觉得分析师已经落伍了，其实，分析师是公司未来商业应用最好的补充。

现在是转型中一个非常重要的点，因此光做分析师是不够的，业内最需要的是数据中间人——就是可以"见人说人话，见鬼说鬼话"的人，可以在中间翻译，两边都可以翻译出来的人。

数据中间人要知道数据架构到底要解决什么问题，他要告诉产品经理，我们需要什么样的自动化产品能帮助业务方，我们需要什么样的模型。所以，数据中间人其实是一个很高级的商业架构师，而不是一个很高级的技术架构师。

所有数据产品都会遇到的问题：到底通用产品要多通用，具体产品要多具体？

如果把通用性的产品放到一个具体场景的时候，却没有办法满足那个具体的场景，那就不仅仅是数据产品会出现的问题，而是所有做产品的人都会面临的一个问题。例如淘宝，到现在已经开始提供全方位的服务了，所以就要想想，不管是数据产品还是数据服务，哪一些东西要做成产品，哪一些做半成品就可以了。问题是：什么样的半成品能被大家所用？所以，我们的部门里会有两三个人专注于分享数据、方法、工具，有点像布道者。

找到你的"白米饭"

我刚进支付宝的时候，分析师都走光了，很多业务要重新开始。首先想到的是"白米饭"（即不可或缺的工作）。如果"白米饭"不能解决，其他部门的人都会说"你们在搞什么？"所以，从"白米饭"开始一级一级地建立自己的 BI。我觉得 BI 团队的建立有一条时间线，淘宝是先"用"，从"用"再发展到"更多的用"，几个阶段的作

用是很不一样的。所以，每家公司的数据部门都要思考：什么是你的"白米饭"？

同时，不管是哪一家数据公司，都有一些数据分析师必须要做的事。例如：BI 的总监和领导人一定要与管理层一起开会。可以不发言，但是一定要去了解公司管理的理念和思路，否则，这个 BI 部门就废掉了，这是我自己感受最深的一点。

做数据产品的原则

阿里巴巴做数据产品遵循以下一些原则：

第一，这是一个单纯的商业行为；第二，不能影响用户的隐私；第三，不能影响其他用户。（如果该产品能够帮到一家，但对另外商户影响很大，就不能做。要保证在互惠互利的前提下再看方案怎么样。）

此外，当数据产生交叉的时候，数据必须要放在我们这里。阿里已与很多创新性公司展开了合作，例如，一些保险公司很快就会将数据放进来进行实验。它们可以先不全部放进来，而是放一些数据进来，看数据交叉之后能不能产生效果，如果效果好，再考虑下一步。我们采取的是小步快跑的商业思路。

（本文刊于《阿里商业评论·大数据》，2014 年 7 月）

Part2

第二篇

县域经济

电子商务与县域经济发展

张晓波：北京大学国家发展研究院副院长，"千人计划"讲座教授

中国的电子商务行业在过去 10 年里取得了突飞猛进的发展，已成为世界上电子商务规模最大的国家。电子商务从以下几方面改变了生产的分工和组织形式，为中国经济增长注入了新的活力。

生产在空间上更加集中，专业化更加明显

有了电子商务，消费者轻触指尖就能触摸到千里之外的产品。原来只能在当地销售的产品，比如特色农产品，现在有机会面对全国市场。因此，具有竞争优势的产品会辐射到更多消费者，占据更大的市场份额。随着市场的扩大，生产规模也相应扩大，规模经济的优势也就体现出来，从而促进分工和专业化生产。

在电商时代，"出手快"变得更加重要。先行者可以迅速占领市场，产生滚雪球效应，迫使竞争对手寻找其他具有竞争优势的产品。可以预测，随着电商的发展，"一村一品""一镇一品"的块状经济形态会越来越明显。阿里巴巴评选的"电商发展百强县"就是例证。

以福建安溪的铁观音为例。电子商务减少了从生产者到消费者的中间环节，降低了交易成本，提高了利润。由电商牵头组织的生产合作社，可以让利给参与合作社的茶农。另外，由于电子商务是先交款后发货，电商没有流动资金压力，直接给茶农现款，改变了以往经销商拖欠茶农货款的问题。出价高又不欠款，吸引了更多茶农加入合作社。随着会员的增加，合作社的规模效应也发挥出来。比如，合作社通过统一采购农药、化肥等生产资料，降低了投入成本；通过聘请技术指导、规范种植技术，解决了茶叶农药残留等质量问题，提高了品牌的信誉，维持了优质优价。但是，电子商务也可能产生负面影响。由于大部分产品的需求在总量上是有限的，当对安溪铁观音

的需求增加以后，对其他地方同类型茶叶的需求就可能被抑制。其他茶叶产地如果不发展电子商务，其茶叶市场就有可能萎缩。

围绕电商的服务业将是新的增长点

从创造需求的角度来说，若某地主要生产一种产品，其对市场的依赖度必然增加。例如，安溪人不能只靠喝铁观音生活，一旦其土地主要用于产茶，他们就得从市场上购买比原先更多的其他食品和日用品，以满足生活的需要。越来越多的人，尤其是年轻人，选择在网上购买所需商品，而这些商品大多数是外地生产的，必须通过物流、仓储等环节运到本地。所以围绕电子商务的服务业会随着网购的发展而火爆起来。

从创造供给的角度来说，电商的发展也催生了新的服务业态。在电商集中的地方，网供、代发（货）、网页装修（包括精装修和粗装修等）、代运营等以前不存在的行业已经发展起来。摄影和模特行业也变成朝阳产业——在网上营销产品同样需要漂亮的模特和专业摄影照片来吸引眼球，模特的身价陡涨，摄影行业也迎来了新的春天。

实现了全民创业梦

电子商务的一个鲜明特征是大众参与。在阿里巴巴的平台上，几百万人成就了创业梦想，他们中的很多人拥有很少的资本，若没有电商，很难想象他们能成为企业家。开网店节省了昂贵的实体商铺租金；网供使得电商几乎可以达到零存货，从而减少了流动资金压力；先付款后发货的电商交易模式消除了资金拖欠的风险。这一切都降低了企业家的创业门槛，大大激发了企业家精神，为中国经济注入了最活跃的生产要素。

加快了发现竞争优势产业的过程

世界银行前首席经济学家、北京大学教授林毅夫一直强调经济发展要遵循比较优势的原则。这个原则说起来没错，但实施起来却异常困难。假设几个地区的要素禀赋类似，都是劳动力充足、资本短缺。根据比较优势原则，它们都应发展劳动密集型产业。可是劳动密集型产品有很多种，比如圆珠笔、雨伞、羊毛衫等，到底该选择哪一个具体的产品呢？产品的选择往往是企业家在市场上试错的结果。看到某种产品在市场上卖得好，其他人就会开始模仿，导致产量增加，形成在全国甚至全世界具有竞争优势的产业集群。电子商务让更多的人有机会参与到这种试错过程中。试的人多了，发现最适合其土壤的产业的概率也随之高了。一旦试错成功，互联网会加速信息传播，引发滚雪球效应，促进产业集聚。

电子商务中与政府有关的挑战

在中国电子商务领域，阿里巴巴作为一家民营企业到处免费提供电商培训，2014年又首次举办中国县域经济与电子商务峰会，邀请上百位县长、书记参会交流经验，不收参会者任何费用。按照传统经济学的理念，这些社会公益活动应该由政府埋单，因为没有企业愿意做赔本生意。可是在互联网时代，这种做法是符合平台经济理论的。阿里巴巴已经建好了最大的电子商务交易平台，用的人越多，这个平台所产生的效应就越大。而增加用户几乎不增加边际运营成本。从长期来讲，这种似乎"赔本赚吆喝"的事其实是具有战略意义的举措。

在一些地方，电商产业的培育也是由公司出面完成，而不再总是由政府主导。比如，在河北白沟箱包产业集群（中国最大的淘宝村所在地之一），和道国际（民营公司）就新建了一个电商创业园。为了吸引优秀电商入园，和道国际免收第一年租金，电商只需缴纳每平方米50元的诚意金，如果第二年续租，可用诚意金冲抵租金。同时，公司聘请专业人员，为电商提供免费培训。之所以这么做，是因为公司把自己定位为平台运营商。和道国际认为将电商聚集起来，为电商提供优质的生产生活服务将是它的赢利来源。例如，当园区聚集足够多的电商、形成一个群体之后，他们的议价能力更强。园区可以从快递公司拿到最优的价格，通过利益分享，降低电商的物流成本，同时为自己获得赢利机会。又如，园区通过跟踪各个电商的快递量来推算其运营情况。当这些电商遇到资金困难时，园区可以根据上述信息出面担保，从银行借到低息贷款，消除电商发展的资金瓶颈。从长期看，在招商引资阶段投入的巨额资金也是可以收回的。

政府应该与电商平台等市场主体合作，帮助克服一些公共瓶颈。比如，农产品网上销售的最大困难是质量问题。因为消费者和生产者相距较远，消费者对网上销售的农产品的质量不放心。因此，质量认证是当前农产品网上销售所面临的一个主要问题。政府应该考虑放开质量认证资质的限制，允许市场竞争，但对弄虚作假的质检公司，一旦发现，立即取消其资质，并依法严惩。一些地方政府已与平台商通力合作，进行了新的尝试，如淘宝"特色中国"的地方馆、安徽省绩溪县联合聚划算和浙江兴合电子商务有限公司推出的聚划算。只要地方政府真正踏踏实实打好"服务牌"，一定能为当地电商发展做出其他市场主体无法替代的贡献。

（本文刊于《阿里商业评论·小县域 大影响》，2014年9月）

地方馆现象与县域电子商务

汪向东：中国社科院信息化研究中心主任

自 2013 年以来，中国各地电子商务发展迅猛，"平台 + 园区 + 培训"模式成为地方政府加快推进当地电子商务发展的政策抓手，其中，地方馆的快速发展成为一种令人瞩目的现象。

截至 2014 年 5 月，淘宝网"特色中国"已正式开通省级、地市级和县级各级地方馆 34 个，其中，内地开通的地方馆是 33 个。另有几十个地区已经向淘宝特色中国团队正式提交了申办材料，排队等待开通。还有更多的地方，虽然目前尚未向淘宝提交材料，但已经开始紧锣密鼓地积极筹建地方馆。

除了淘宝，在其他电子商务平台上，地方馆现象也是个突出现象，例如：京东贵州馆、河北馆、山西馆等地方馆，近几个月已陆续开通；顺丰优选生鲜食品中水果品类的地方特色馆，已覆盖 13 个省；1 号店的地方馆开在"特产中国"栏目下，2014 年 5 月初，浙江省十大地方特产馆上线，集体亮相。

地方馆和地方馆现象

这里所说的地方馆，当然首先是地方性的电子商务交易平台，但反过来，并非所有的地方性电子商务交易平台都可以叫地方馆。地方馆具有以下主要特点：

其一，也是最关键的一点，地方馆不是一个孤立或独立的地方电商交易平台，它是依托于或架设在既有的市场化、第三方电商大平台或更广阔的巨平台之上的地方电商交易平台。由此，我们可以把地方馆与其他独立开办的地方电子商务交易平台区分开来。

其二，地方馆提供的产品，主要是属地性强的名、特、优产品，现阶段多以农产品为基础，伴以初加工食品和本地旅游项目。

基于此，地方馆的运营方式，其实是以地方平台汇聚本地优势产品与卖家（网商或供应商），以它所依托的大平台已有的交易人气，期望通过转引买家流量，提高交易转化率，达到扩大交易的目的。

地方馆现象的发展可用多品类、多平台、多层级、多样式等"四多"来形容。多品类，是指入馆产品除了从农产品拓展到食品、旅游，还在由"农"拓展到其他非农领域。如阿里巴巴产业带，是以制造业为主的架设在 1688 大平台之上的另一类地方馆。在其他电商平台上，也可以发现属地特色鲜明的非农产品不断进入地方馆的迹象。多平台，指众多电子商务平台开办了地方馆，而且不少地方馆实行跨平台运作。多层级，是指同一平台上省、地、县等多层级馆共存，其中县级馆成为独特的风景。多样式，是指这些地方馆的运营机制和保障机制不尽相同。

总之，地方馆现象指的就是上述这样的地方馆在短期内爆发式发展的现象。在短短几个月的时间里，在各地、在多个电商平台、在不同层级，地方馆仿佛雨后春笋般一下子冒了出来，令人目不暇接。

地方馆现象的成因与意义

地方馆现象是多元主体合力推动的结果。哪些主体是地方馆现象背后的主要推手？答案是：地方政府、电商平台、入馆主体和地方馆运营商、服务商、投资商等其他主体。

大家为什么对地方馆趋之若鹜？一句话，地方馆可以有助于满足大家的目标诉求。不妨简要分析一下。

政府

加快本地电子商务发展是地方政府的直接诉求。地方馆作为地方政府快速推进电子商务发展的抓手之一，可以成为承接政策资源的载体、整合力量的依托，也是快速产生和显现地方电子商务发展绩效的"捷径"之一。

地方馆作为地方电子商务交易平台，通常要把当地最好、最有特色的产品放上来，这就需要进行资源梳理和整合。以遂昌馆为例，当地政府下大力气，把全县 400 多家专业合作社筛了一遍，从中初选出 100 家，开馆前又优中选优，筛选出最好的几十家进馆。建设地方馆并进行资源梳理、品牌建设，从而造福本地农业和相关主体。

地方馆还可以为政府提供让监管和公共服务贴近电子商务交易的便利，提供掌握本地在线交易数据，从而改善自身服务，提高决策科学性的新基础设施。

平台

市场化电子商务交易平台积极发展地方馆，可以借助地方政府和市场主体的力量，提升和保证入馆交易品，尤其农产品的质量和安全，提高网络交易的诚信水平。对于产品质量和安全，以及网络交易的诚信问题，平台当然有责任，但只靠平台是办不到的，也是不公平的。这其实是全社会的任务，地方政府更是责无旁贷。农产品的非标性、即时性等特点，也提高了电子商务的难度。平台希望通过地方馆，与地方政府和其他市场伙伴一起，探索出一种新的机制，助力解决这个难题。至于政府背书的具体尺度如何把握，则需要继续观察，不断探索创新。

地方馆还有利于促进平台交易的精准化、便捷化。以淘宝为例，现在它已经发展成云集海量买家、卖家和交易品的巨平台，交易成本正在上升。未来，巨平台要向交易的精准化方向发展，使交易更便捷。按照属地性维度，促进交易精准化是一个重要的努力方向。因此，地方馆符合平台以及入馆主体更好地服务客户的目标诉求。

入馆主体

入馆主体进驻地方馆后可以获取新的赋能。在现阶段，加入地方馆平台，意味着产品和经营主体迈过了市场筛选的一个较高门槛，意味着一种肯定乃至荣誉。

加入地方馆，入馆主体还可以再上台阶，进而获得某些新资源和新便利，这也是一种新的赋能。

其他主体

对于相关的其他主体，地方馆为他们展现了某种程度上的"蓝海效应"[一]。已经有

⊖ 蓝海效应：意为通过创造全新的市场或重新定义现有市场，让竞争者变得无足轻重。——编者注

一些非常敏锐的企业，明确把地方馆的建设与运营作为自身新的业务增长点，一些投资人也把它视作新兴的投资领域。

地方馆现象对于中国电子商务的发展意义重大。对于这种新的现象，大家见仁见智，我个人特别看重以下四个方面的意义。

一是"融入"。即地方电子商务平台变孤立自建为融入既有的交易火爆的大平台，这其实是对多年来地方平台"建设容易交易难、面子工程无实效"模式的否定。这为地方平台与大平台的相互借力，提供了共建共享的机制上的可能性。在我看来，这是电子商务平台之间关系格局上的重大突破。

二是"转型"。过去地方政府为推动本地电子商务的发展，一个重要的做法就是政府主导、国家投资、自上而下地建设地方性的交易平台，这不难办到；接下来地方政府也可以借助行政力量，整合本地优势资源到这个平台上来营销，这比前者难一些，但仍可以办到；政府办不到的是没有办法让买家真金白银心甘情愿地到这个平台上来买，而且买了还想再来买。只有卖没有买就形不成交易，形不成交易就没有收入，大家就会认为这个平台没有用。地方馆期望通过市场化的方式进行流量导引，将大平台上已有的海量买家转到地方平台上来，从而克服以前长期制约交易实现的买方短板。

三是"赋能"。赋能是电子商务，尤其平台类电子商务最重要的效应之一。如前所述，地方馆这种新的平台形式，可以为草根、为地方相关主体，乃至为地方平台和它所依托的大平台本身，提供新的赋能。

四是"对接"。现阶段中国电子商务，尤其农产品电子商务领域存在的最主要的体制机制障碍是：政府体系与市场体系的各自为战。因此，我也一直呼吁，将促进二者的"上下结合"作为当前和未来这个领域体制机制创新的战略选择。地方馆可以为此提供一种新的现实载体和结合的界面，不妨以此作为突破口，开展政府体系与市场体系的实务对接。

县域电子商务与县级地方馆

"郡县治，天下安"。县域在国民经济以及电子商务发展全局中居于重要地位。首届中国县域经济与电子商务峰会的召开，标志着县域电子商务进入了一个新的发展阶段。

越来越多的县市党政领导关注县域电子商务。一方面，是因为中国的信息化和电子商务经过多年的发展，现在到了由城市向农村拓展和在农村全面推进的新阶段。县，是城乡经济社会的接合部，也是城镇化、城乡一体化的前沿，到了信息化时代，县域电子商务的地位作用必然凸显出来。另一方面，电子商务的主流化趋势，使其不再仅仅作为一种交易手段存在，而是可以更直接地助力包括"三农"、扶贫、民生、经济发展与转型、城镇化等经济社会主要战略目标的实现。认识到电子商务的战略作用，自然会有更多的县市领导重视和支持本地电子商务的发展。

鉴于各地县情差异，县域电子商务的发展不可"一刀切"。对于不少地方，县域电子商务还是一个新课题、新领域，但在那些先行一步的地方，多样化的县域电子商务实践探索已有了初步基础，未来随着县域电子商务的发展，这方面的案例和经验必将更加丰富。

2014 年初，阿里巴巴电子商务发展指数的正式推出，为县域电子商务发展提供了一个实用且有效的测评工具。我在《"从网商发展指数"到"阿里巴巴电子商务发展指数"》一文中，讨论过该指数的四大变化及作用。从某种意义上，这可以被视为全面引爆县域电子商务的"导火索"。

县域电子商务的发展势在必行，可是怎么做呢？这是需要回答的现实问题。

从县级电子商务交易平台的视角看，目前实践中大致存在四种情况：一是有县级平台，没有地方馆，表现为县自建平台的模式；二是有县级平台，而且采用了地方馆的做法；三是未建县级平台，但与地方馆相关，比如在上级地方馆中，以县级频道的方式出现；四是未建县级平台，也与任何地方馆无关，但不排除有地方产品单独上线销售。

对于以上四种情况，下面逐一进行分析。

1）县级平台不是县域电子商务的必要条件，无论县做不做自己的电子商务交易平台，都可以发展县域电子商务。做不做县级平台，取决于各县具体情况和策略选择。

2）选择做县级平台，则有上述承接政策、梳理资源、整合服务等便利。

3）如果选择做县级平台，那么独立自建平台，不如地方馆的做法更便利。

4）比较各级地方馆的运营特点，总体上看，县级馆要比更高层级的地方馆更贴近市场资源，更有利于务实运作。

县域电子商务及其平台的挑战

在县域电子商务被引爆的情况下，以平台为主要抓手推进县域电子商务具有积极意义，而以地方馆的方式做县级电子商务平台，胜过自建独立的平台。

然而，面对地方馆现象，必须强调一点：地方馆的上线开馆绝非一劳永逸。这只是一个新起点，只是获得了一个新条件和未来发展的新的可能性，远非必然性。

根据调研，地方馆往往会出现开馆之初交易量明显提升，而后热度减退的情况。地方馆要实现从大平台上成功导引流量，仅靠一时运作是难以持久的。这当然需要持续营销，包括利用目前被炒得火热的各种互联网营销，用以提高地方馆的客户流量和交易转化率，更重要的是产业链培育。电子商务营销固然要满足人们对文化价值的追求，但商业上再好的文化价值都不能来虚的，用户体验要通过实实在在的产品和服务体现。让产品和服务说话是商业的根本。

另一大挑战来自市场创新和机制创新。如前所述，包括政府体系与市场体系之间、地方平台与大平台之间、多平台和跨平台的摩擦、不同层次地方馆之间，以及地方馆不同主体之间，通过何种机制整合力量，目前仅仅是破题而已，未来可以探索创新的空间非常大。

回到县域电子商务上来。显然，县级平台较之"上级"平台的最重要的优势，就是更便于在产业链上做实，在市场创新和机制创新上具有决策、协调、实施与调整上的便利。

另外，县域电子商务与县级平台还必然面临与时俱进的挑战。即便一个县建成了运营良好的地方平台或地方馆，探索形成了适应现阶段发展水平的运行机制，比如，为保障本地上线交易的农特产品质量安全，政府与市场合力建成有力的质量安全保障机制，但未来随着电子商务的覆盖面从最优、次优向一般拓展，以及当地的电子商务由农业向非农领域的拓展，如何让已有的机制与时俱进的问题迟早会提上议事日程。

（本文刊于《阿里商业评论·小县域 大影响》，2014 年 9 月）

县域电子商务进入新阶段

规模化扩散

回顾过往，从 2003 年到 2013 年，县域电子商务发展先后经历了起步、小规模增长和规模化扩散三个阶段，年度新增网商规模分别达到万级、十万级和百万级（见表2-1）。

表 2-1　县域电子商务发展三阶段比较

时　间	阶　段	特　征	新增网商规模
2003~2005 年	起步	县域网商规模小，增长缓慢	2005 年新增网商达到万级
2006~2009 年	小规模增长	县域网商规模扩大，持续、快速增长	2009 年新增网商达到十万级
2010 年~2013 年	规模化扩散	县域网商规模明显扩大，每年新增网商规模巨大	2013 年新增网商接近百万级

资料来源：阿里研究院，2014 年 7 月

2009 年以来，网商增长加快，其中的主要原因有：

1）电子商务的溢出效应。2008 年，全国网购消费者数量突破 1 亿人，网络零售交易额首次突破 1 000 亿元，在全国社会消费品零售总额中所占比例超过 1%⊖。这三个"1"的突破，受到学界、业界众多专家高度关注，被视为具有里程碑意义。电子商务的客户规模快速增长、应用领域不断扩大，其溢出效应初步显现，不断带动更多企

⊖　刘飞，《我国网络零售 2008 年突破三个"1"》，新华网。

业和消费者接触和采用电子商务。

2）金融危机的倒逼效应。2008年爆发的金融危机，倒逼大量企业向电子商务转型。受其影响，众多大学生、工人、农民、个体户等也纷纷尝试开网店谋生路。同时，浙江、广东、江苏、福建等地政府对电子商务前所未有地重视，纷纷从政策、资金、人才等方面大力鼓励企业应用电子商务，以应对金融危机。2008年金融危机对个人创业、企业转型、产业升级等影响深远，客观上成为促进电子商务加速扩散的重要外力。

【案例】嵊州：产业集群率先"上网"应对金融危机[⊖]

2009年2月，"嵊州集群产业电子商务专区频道"上线，这是国内首个县级产业集群电子商务专区。

为应对金融危机带来的严峻挑战，嵊州市设立"嵊州市产业集群电子商务扶持资金"，专项扶持嵊州企业开展电子商务应用，三年扶持资金总额为1 500万元，计划帮助嵊州1 500家内贸企业和300家外贸企业利用电子商务平台开拓国内外市场。同时，嵊州市政府在电商人才培养、小企业贷款等方面制定了针对性措施。

借助电子商务，嵊州市的企业可以低成本开拓国内外市场，通过电子商务完成的交易额年均增长超过15％，这些企业集中在领带服装、电器厨具、机械电机等嵊州独具特色的产业集群中。另外，有33家企业通过网络联保贷款业务共获贷4 830万元。企业通过电子商务获得订单、贷款，有效地应对金融危机带来的挑战。同时，企业在转变市场开拓方式和客户关系管理等方面进行了有益探索。

多极增长

阿里研究院分析发现，从2010年起，县域电子商务已从以江浙为代表的华东"单极增长"为主，转向华东、华北、华南、华中"多极增长"的新阶段。

2003年～2010年，浙江和江苏的县域网商一直是主导力量，在全国县域网商中合计占比超过50%。2010年时在全国县域网商中合计占比首次跌破50%，主要因为同期华北、华南、华中地区县域网商增速明显加快；截至2013年年底，这三个区域在全国县域网商中合计占比接近30%。其中，河北、广东、河南的县域分别是华北、华南、华中县域网商增长的主要来源。

⊖　王洪良、顾春，《嵊州特色产业集体亮相网上"嵊州店"》，人民网。

【案例】白沟："中国箱包之都"移师互联网[⊖]

河北保定的白沟是全国最大的箱包生产基地之一。经过近 30 年的发展，已经有 300 多家规模企业、4 000 多家加工企业、近万家个体加工户，年产箱包超过 7 亿只。因此，白沟享有"中国箱包之都"之盛誉。

白沟市场是箱包最主要的交易场所。2009 年以前，极少数商家尝试通过电子商务开拓市场。此后，随着国内主要的电子商务平台在白沟加大推广力度，当地网商增长加速。电子商务带来新商机，不断带动更多商户应用电子商务。据不完全统计，到 2011 年底，白沟新城已经有 1/4 的商户开设了自己的网店。

白沟市场激烈竞争、网商先行者示范带动、金融危机倒闭企业转型等多重因素综合作用，加速了电子商务在商户中的扩散速度。到 2012 年年底，白沟新城的网店数量迅速增加到 4 000 家，年成交额千万元以上的网店达到 200 多家，从业人员达到 2 万余人。

箱包"网供"的涌现，为白沟网商规模持续扩大提供了新的动力。由于电子商务迅速发展，在箱包商户中分化出专门为网店供货的供应商，他们可以帮助网商直接发货，从而节省网商们的发货时间和物流费用，由此带动大量周边商户通过电子商务销售箱包。2013 年，白沟新城网店数量增长到 8 000 多家，电子商务平台产生的箱包交易额接近总销售额的 30%，从业人员达到 3 万余人。

电子商务给县域不断带来新变化

新生产：大市场，大机会

2013 年，在淘宝和天猫平台上，从县域发出的包裹约有 14 亿件。[⊖]这充分说明，小县城已通过互联网对接到大市场。越来越多县域的特色产品，如新疆的大枣、内蒙古的奶酪、云南的鲜花等，通过互联网销往全国甚至海外。

在 2013 年"电商百佳县"中，顺差最大的是河北高碑店市，其卖出金额是买入金额的 4.8 倍，高碑店网店卖出最多的商品是箱包，在高碑店网店交易金额中占比超过 70%。而高碑店的白沟集聚着成千上万家箱包企业，构成了中国北方最重要的箱包产业集群。全国顺差县域大多分布在东部沿海地区，反映出具备良好制造业基础的县域，通过互联网跨越地域，极大扩展了市场空间（见表 2-2）。

⊖ 顾江曼，《白沟新城做强特色产业给力城市发展》；贾恒、吴战平，《保定白沟新城的电商改变着白沟箱包人的生产生活》。

⊖ 阿里研究院，《阿里农产品电子商务白皮书（2013）》。

表 2-2　2013 年网络零售"顺差"最大的 25 个县域

排名	县域	省区	排名	县域	省区
1	高碑店市	河北	14	石狮市	福建
2	海宁市	浙江	15	天台县	浙江
3	清河县	河北	16	通州市	江苏
4	永康市	浙江	17	德化县	福建
5	海门市	江苏	18	枣强县	河北
6	冀州市	河北	19	柏乡县	河北
7	南宫市	河北	20	晋江市	福建
8	常熟市	江苏	21	安溪县	福建
9	义乌市	浙江	22	容城县	河北
10	桐乡市	浙江	23	曹县	山东
11	平湖市	浙江	24	兴城市	辽宁
12	浦江县	浙江	25	金门县	台湾
13	闻喜县	山西			

资料来源：阿里研究院，2014 年 7 月

【案例】德化陶瓷企业通过电子商务"内外兼修"

福建德化是中国陶瓷文化发祥地之一，与江西景德镇、湖南醴陵并称为"中国三大古瓷都"。电子商务正成为越来越多德化陶瓷企业开拓国内国外两个市场的重要方式。2013 年，全县 1 500 家陶瓷企业建成官方网站 300 多家、网店 2 200 多家。

海外市场一直是德化陶瓷企业的重点。截至 2014 年年中，全县获得"输美日用陶瓷生产厂认证"企业有 86 家，位居全国陶瓷产区第二位。近年来，受欧美经济放缓等因素的影响，传统外贸销售订单大量萎缩，跨境电子商务成为德化企业开拓海外市场的重要渠道，已有 100 多家企业开展跨境电子商务。

与此同时，全县约有 30% 的外销企业借助电子商务"转战"国内市场。在 2013 年"双 11"促销大战中，德化共有 7 家陶瓷企业进驻天猫"双 11"大促销家居分会场，当天销售额达 1050 万元，订单量达 4 万多单，其中有 5 家企业当天销售额突破百万元。

电子商务在帮助德化企业开拓市场的同时，也促进了德化陶瓷产品创新。以前，全县外贸企业的产品大多是西洋小工艺瓷，且以国外节庆为主，产品样式相对单一。而网购产品要时尚有个性和创意，这促使企业更加重视产品创新、丰富产品类型。2013 年全县企业开发的新产品数量相当于 2012 年的两倍，达 4 万多件。

新消费：海量商品，海量选择

2013 年，在淘宝和天猫平台上，县域接收的包裹约为 18 亿件。[⊖]县域的消费者通过互联网接触到海量、实惠的商品，网络购物正成为越来越多消费者，尤其是县城和农村消费者的新选择。

2013 年，逆差最大的是西藏尼玛县，其买入金额是卖出金额的 2 070 倍，消费者网购最多的三类商品是女装、男装和手机充值卡。全国逆差县域大多分布在中西部地区，说明通过互联网，这些地区的消费者，获得更丰富、更多样的消费选择，中西部地区的消费潜力巨大（见表 2-3）。

表 2-3 　2013 年网络零售"逆差"最大的 25 个县域

排名	县域	省区	排名	县域	省区
1	尼玛县	西藏	14	襄谦县	青海
2	东乡族自治县	甘肃	15	贵南县	青海
3	同德县	青海	16	塔什库尔干塔吉克自治县	新疆
4	噶尔县	西藏	17	改则县	西藏
5	肃北自治县	甘肃	18	碌曲县	甘肃
6	札达县	西藏	19	雅江县	四川
7	巴塘县	四川	20	民乐县	甘肃
8	曲麻莱县	青海	21	班玛县	青海
9	壤塘县	四川	22	木垒哈萨克自治县	新疆
10	石渠县	四川	23	吉木萨尔县	新疆
11	定结县	西藏	24	湟源县	青海
12	萨嘎县	西藏	25	岗巴县	西藏
13	兴海县	青海			

资料来源：阿里研究院，2014 年 7 月

新生活：不离土，不离网

随着电子商务在县域的广泛应用，人们的生活逐步发生新的变化：衣服的款式越来越新颖，成千上万家网店的衣服之丰富，远远超过本地的商场和门店；食品的品种越来越多样，海南的芒果、台湾的凤梨，甚至是美国的车厘子，与自家餐桌距离越来越近；返乡创业、就近就业的打工者越来越多，电子商务成为他们最关注的方向之一。

⊖　阿里研究院，《阿里农产品电子商务白皮书（2013）》。

"不离土，不离网"是人们新生活的生动写照。人们在家乡安居乐业，代替过往主要依靠外出打工、背井离乡的工作和生活模式，同时，他们通过互联网与大市场紧密连接，在衣食住行等方面拥有多样选择和实在的便利，从而不断提升生活的品质和幸福感。更长远来看，由此孕育的以小城镇为中心的分布式城镇化，相比以中心城市为中心的集中式城镇化，可能更具可行性和持续性。

【案例】沙集：小城镇，新模样

在江苏睢宁县的沙集镇，农民大规模开网店卖家具，闻名全国。截至2013年底，沙集镇网店共700多家，年销售额近20亿元。

东风村是沙集网店发展最早、规模最大的村庄。村民们开网店的规模逐步扩大后，外出打工的年轻人陆续回村，慢慢地人手不够了，他们还从安徽、河南等地招人来打包发货。因此，村里越来越热闹，变化悄然发生。以前，大批年轻人外出打工，村里剩下的主要是老人和儿童，村外人进来偷盗的事件时有发生。在年轻人回来后，这类事件基本消失。另外，大家都忙着开网店，邻里之间的纠纷调解明显减少。周边的村庄也发生着类似的变化。

沙集家具网店蓬勃发展起来，为村民们提供了创业致富的新机会，也显著带动了家具生产、营销、物流、宽带等关联产业的大发展。中国电信来村里增加带宽，中国移动试点无线宽带，邮储银行推出"创业贷款"。同时，镇里还涌现出网店培训、商标注册、品牌推广等新兴服务商。如今，这个苏北小镇可谓生机勃勃，今非昔比。

【案例】遂昌：村民上网"赶街"

遂昌县有130多个名为"赶街"的电子商务服务站。"赶街"一词源于遂昌土话，意思是赶集。在这些服务站，村民们可以享受购物、售物、缴费、获取资讯等一站式服务。

王村口镇吴处村的钟文怀种植木槿花，原来在县城购买种植幼苗所需的营养钵，单价为0.5元，10 000个营养钵需5 000元的投入，后来村里建成"赶街"网点后，他在网上购买的营养钵单价仅为0.02元，是原来的1/25，大大降低了种植成本。还有更多的村民通过"赶街"网购到羽绒服、保暖内衣、电饭煲等中意的商品。

同时，"赶街"也帮助村民们销售特色产品。2014年上半年，高坪乡"赶街"网店了解到当地土鸡蛋较多的信息，于是"赶街"总部在淘宝、顺丰、本来生活等几个大电商平台同时组织土鸡蛋特卖活动，共销售土鸡蛋2万多枚。

为解决农村物流的难题，"赶街"建立了专门的仓储物流中转中心，并统一了所有村的"赶街"网点收货地址。每天，物流中转中心对收到的快递进行分理并登记，再由本地快递公司配送到各村"赶街"网点，最后由工作人员通知村民取件。

"赶街"实现了"网货下乡"和"农产品进城"，有效解决了"服务群众最后一公里"的问题，让交通不便、信息相对落后、配套服务体系不健全的村民们享受到了电子商务的便利。

县域电子商务主要瓶颈

人才缺乏

电子商务相关人才缺乏，是目前县域普遍面临的问题。无论是刚刚起步的县域，还是已有领先优势的县域，在营销、运营、设计等各个岗位，在高中低各个层次，都有不同程度的人才缺口。

进一步分析：一方面，大多数县域尚未建立电子商务人才培训体系；另一方面，县域对于目前集中于大城市的电子商务人才缺乏吸引力。加之人才培养具有一定的周期，未来3~5年，人才缺乏是县域发展电子商务仍将面临的瓶颈。

电子商务服务滞后

电子商务高效运转，越来越离不开快递、仓储、培训、运营、园区等电子商务服务协同支持。现阶段，县域普遍面临的瓶颈是电子商务服务供给远不能满足需求，具体体现在服务费用高（比如快递费高）、服务效率低（比如送货慢）、服务空缺（比如缺乏培训服务、运营服务）等方面。

电子商务应用的发展速度，一般都快于电子商务服务，并且随着企业和消费者应用电子商务的规模快速扩大，个性化、多样化的服务需求快速涌现，不断对电子商务服务商提出新的挑战。

促进县域电子商务发展的建议

鼓励创业者和企业家充分发挥主体作用

从义乌、永康、清河、石狮等"电商百佳县"的经验来看，县域电子商务蓬勃发展，与当地网商的活跃度和竞争力密不可分。一方面，创业者和企业家大胆探索和试错，有利于快速寻找到适合自己的电子商务发展模式；另一方面，先行者的成功可以发挥强大的榜样作用，显著带动更多企业应用电子商务。因此，建议县域政府、媒体、协会等通过不同措施，大力鼓励和支持创业者、企业家在发展电子商务方面充分发挥主体作用。

政府大力建设基础设施和完善公共服务

县域电子商务持续发展，在交通、宽带、物流、仓储等方面需要坚实的基础设施；同时，在电商企业注册、人才就业保障等方面需要高效的公共服务，这些都离不开政府部门的积极行动和持续创新。对于大部分县域而言，电子商务是新生事物，又发展迅速。在基础设施建设方面，建议着眼于长远，适度超前。在公共服务方面，建议鼓励和服务于创新，灵活高效。

多种模式培养电子商务人才

电子商务企业对人才的需求具有差异明显、动态变化等特点，从实践来看，较之单一模式，多种人才培养模式相结合能更有效地满足多样性的人才需求。从培训模式来看，有院校培训、企业自主培训、校企合作培训；从学习方式来看，有本地教学 + 实习、网络课程 + 自学等。另外，从义乌、德化等县域的经验来看，除了正式的培训，非正式的交流分享也具有极其重要的价值。网商之间通过线上圈子、线下沙龙等多种形式共享经验、案例等，及时解决问题，并逐步形成自己的社会网络，有利于长期交流和深入合作。因此，建议企业采取多种方式培养人才，不拘泥于形式。建议政府为多种人才培养模式制定针对性的政策。

逐步建立本地化电子商务服务体系

网商规模化发展，显著带动快递、仓储、运营服务、营销推广、视觉设计、人才培训等本地电子商务服务业快速发展。从长远来看，本地化的电子商务服务体系，对于促进县域电子商务高效运行、持续创造就业机会等具有战略价值。当电子商务服务业发展到一定规模，电子商务服务商与网商之间相互协同、相互促进，将成为推动电子商务创新的新动力。建议企业敏锐把握当地电子商务发展催生的新兴需求，进军电子商务服务市场。政府也要高度重视本地电子商务服务业的发展，尤其是基于电子商务园区的一体化电子商务服务体系建设，充分发挥规模效应和集聚效应。

（本文刊于《阿里商业评论·小县域 大影响》，2014 年 9 月）

"沙集模式 2.0"：一个农村电子商务模式的跟踪研究

汪向东：中国社科院信息化研究中心主任

沙集模式是一种主要由草根农民网商驱动、现阶段以农户家庭所有和家庭经营为特色的农村电子商务模式。我们基于对沙集模式的实地跟踪调研和案例剖析，通过分析沙集农村网商由从无到有的 1.0 阶段向从弱到强的 2.0 阶段的发展，研究以沙集为典型代表的此种农村电子商务成长中面临的新挑战，就其未来发展的路径和策略选择提出看法和建议。

沙集模式的新发展

2006 年末，在苏北睢宁县沙集镇，当 24 岁的孙寒在好友夏凯、陈雷的帮助下，尝试在淘宝网上开店创业，后试销简易拼装家具获得成功，引得乡亲们纷纷仿效。到2010 年，沙集镇已拥有 600 多名农民网商，共创建网店 2 000 家。网销拉动起一个新兴的产业群，包括家具厂 200 余家、物流快递企业 16 家、板材加工厂 6 家、家具配件门市部 2 家、网店专业服务商 1 家。2010 年，全镇网销额超过 3 亿元，规模较大的网商年销售额达到百万量级。[⊖]

在此后两年中，沙集的电子商务继续沿着自己的轨道发展。跟踪调研发现，沙集模式正步入一个新的发展阶段。这种变化首先由当地农户网商"多、小、散、弱"的发展现状表现出来。

"多"，是指沙集从事网销相关经营活动的农户多。近两年，通过简单复制，农户网商的队伍继续扩大。据睢宁县商会的数据，到 2012 年 6 月，全县在淘宝网共开店

⊖ 中国社会科学院信息化研究中心、阿里巴巴集团研究中心，《"沙集模式"研究报告》，2011年 2 月。

5 500 家，其中沙集镇有 3 040 家，包括天猫商城店 126 家。对于沙集这个仅有 6 万人口、1 万多户居民的乡镇而言，农户网商的普及程度已相当高。

"小"，是指单个网商的平均体量小。2012 年上半年，沙集实现网络销售额 3.4 亿元。按此推算，全镇每户网商的年均销售额是 20 万元左右。对原材料成本和运输成本占比较高的家具业而言，这个数字不算很高。2010 年，沙集网商拼装家具的利润率为 18% 左右。随着简单复制的扩散，同质竞争进一步挤压原有的利润空间。一些较大的网商年销售额在几百万元规模上已徘徊数年。沙集网商中依然缺少有影响的龙头企业。

"散"，是指网商之间竞争有余、合作不足。沙集网商成立了电子商务协会，在市场环境发生重要变化时，协会能发挥一定作用，比如，2011 年 10 月，当时淘宝商城出台新规（"商城新规"），大幅提高进入门槛，沙集电子商务协会曾推举代表赴杭州阿里巴巴总部反映情况。但是，由于沙集网商的商业模式大同小异，互为竞争对手，从而削弱了他们抱团发展的向心力。

"弱"，是指网商抵御市场风险的能力或核心竞争力弱。跟踪调研中，许多网商反映他们资金不足，掌握资源有限，融资也缺乏可抵押物。沙集网商在淘宝商城原有 400 多家网店，"商城新规"出台后，他们因不堪承受高额保证金，大多选择了关店。到 2012 年 6 月底，沙集留在天猫的网店只剩下 126 家，七成的商城店不复存在。另一方面，以淘宝集市（淘宝网）店订单组织加工厂生产的网商，在同质竞争的压力下，有的也开始出现开工不足和停产的情况，有些网商已将生产设备转让他人。

目前，沙集网商在分布结构上，更具有小企业集群式发展初期的典型特征，与大企业主导共生式和散在式两种分布结构的区别更加明显。对照 2010 年的调研报告，我们可以得出以下结论：

1）沙集网商的总量继续增长，虽然当地大多数商城店关门，但淘宝集市店增加更多，也有孙寒、王跃等一些骨干网商，经受住"商城新规"的冲击存活了下来。作为小微企业，它们能够通过其幼年期市场竞争的严峻考验固然令人欣慰，然而，沙集网商中缺少龙头企业、产业整体水平不高的情况，并未得到根本改善。

2）跟踪调研中，我们发现沙集的一些网商已经开始尝试转营家具外的其他产品，比如，开办网店较早的王朴将家具网销业务转给弟弟王跃，自己的网店开始代理经销内衣等商品。但就沙集绝大多数网商而言，同质化恶性竞争的现象有增无减。

3）沙集网商缺少人才，尤其是高端复合型人才的困难依然如故。跟踪访谈中，沙集网商中的几位领军人物都提到人才难招、难留的问题。他们认为，靠农户网商自己很难实质性地改善当地人才引进的软环境，因此期待地方政府能有所作为。

4）沙集网商间的"专利风波"，印证了我们此前关于"存在知识产权方面的隐患"的担忧。2012年年初，因沙集网商"赢天下"公司申请并被授权拥有家具产品专利，引发了沙集网商间的纠纷。虽然这场专利风波对当地网商增强知识产权意识有一定作用，但调研表明，知识产权问题还远未真正解决。而在自主品牌方面，沙集网商不仅缺乏整体品牌，个体网商中也缺乏知名品牌，并且在打造品牌的认识和实践上存在明显的不足。

5）令人高兴的是，当地政府为继续推进农村电子商务发展，采取了许多积极举措，包括调整了干部业绩考核体系。然而，沙集模式发展进入新阶段，对政策环境和政府公共服务提出了许多不同以往的新要求。如何顺应新变化，针对新问题，营造更为理想的发展环境，对当地政府、电子商务交易平台和其他各方主体来说，都是新的挑战。

沙集模式的新挑战

沙集模式现阶段的新挑战，主要表现在网商群体、交易平台、赶超者和政府四个方面。

沙集网商发展后劲不足的挑战

上述沙集网商群体"多、小、散、弱"的现状，集中暴露了沙集以农户家庭为主体的网商模式存在的深层次问题。

一是小富即安的意识。沙集模式让众多前天的农民、昨天的进城务工者，转变成今天的网商，其中一批大网商年销售额达到几百万元的量级，年利润几十万、上百万元。社会身份和生活方式的变化可谓巨大，但长期形成的小农意识却难以随之改变。在他们中的许多人看来，开网店仅仅是一种谋生的手段，一旦收入达到一定水平，便容易满足现状。特别是当他们必须改变和突破自我，才能适应新的发展要求时，小富即安的意识很容易阻碍他们进一步前行。

二是单打独斗的行事方式。跟踪调研表明，绝大部分的农户网商不喜欢跟其他人合作，而更喜欢自己当老板的状态。即使通过产权重组、强强联合的方式可以获得

"1+1＞2"的效果，通过开放和分享可以相互取长补短，大多数人仍然倾向于自己的事情自己说了算，担心业务和技术的合作会让自己吃亏，尤其担心产权重组会让他们失去对企业的控制力，让别人主宰了自己的命运。因此，他们宁可选择单打独斗，以自己的小和弱，去独自应对市场风险和市场竞争。

三是沙集模式中以农户家庭为单位的产权制和家庭作坊式的经营制（可合称为"家庭制"），为上述发展意识和经营管理方式提供了土壤。农户家庭产权制当然具有积极的一面：产权明晰、权责对称、无限责任等，会对创业中和创业之初的农村小微企业产生巨大的激励作用，如同农村改革中家庭联产承包责任制一样，会激励农民为自己而生产的积极性；家庭制在经营上也具有"船小好调头"的灵活性。然而，当事业发展到一定程度后，农户家庭制制约发展的一面便会暴露出来。农村小微企业无论是要做大，还是要做精、做专、做活、做强，都需要有所创新，而这些创新却往往受制于家庭制而难以取得大的进展。在沙集，一些较大的农户网商已经在年销几百万元的水平上徘徊数年，制约他们发展的因素，与其说是技术、管理，不如说是业务模式，而深层的原因出在家庭制上。

小富即安、单打独斗和家庭制，给沙集模式带来的最大威胁是网商们继续前进的动力不足，继而造成发展后劲不足。对于自下而上式的农村电子商务而言，这无疑是一个带有根本性的重大挑战。因为自下而上式的农村电子商务，从根本上来说，靠的就是他们的内在动力。即便先行致富的农户网商弱化了自己进一步发展的动力，靠后来者们增收致富所驱动的复制行为，也可以推动当地电子商务的发展。然而问题在于：农户网商的复制行为达到一定程度后会怎么样？

调研表明，沙集的农村电子商务目前正在面对这个挑战。例如，在沙集模式的发源地东风村，全村1 100多户农民，大多数在网上开了自己的网店，其他人也从事着与网购相关的生产制造、物流快递、原材料加工、零配件销售等经营活动，网商细胞裂变式的复制扩张几近饱和。今后，他们能否继续保持内在的发展动力至关重要。面对未来的市场风险，要摆脱目前低水平同质竞争的困境，实现由弱到强，他们就必须突破小富即安、单打独斗的小农意识和行事方式，突破家庭制的制约，为自身发展注入新的动能。

交易平台流量瓶颈的挑战

根据阿里巴巴的官方数据，到2011年，网商的规模已经突破8 300万，淘宝网上的卖家已经超过 600 万。2012 年"双 11"，淘宝和天猫开展半价促销活动，当天第一分钟，平台上瞬间涌入的买家数量超过 1 000 万，全天访问平台的独立买家超过 2 亿个，用支付宝支付成交的两个平台的销售额达到 191 亿元。毫无疑问，这样的交易平台已然成为汇聚海量卖家和买家的巨大市场。⊖

然而，平台规模巨量化又产生了新的困扰。马云当初曾提出"让天下没有难做的生意"的愿景，许多草根网商的确因此获得了赋能，涌现出不少成功案例。然而，随着平台规模的不断增大，上面的生意又开始变得难做了。一方面，买家现在面对海量的卖家和眼花缭乱的网货不知所措，从而催生出一个快速发展中的网上导购业务；另一方面，卖家，特别是为数众多的小卖家，很难获得满意的买家访问流量和交易转化率。随着此平台上的网商和在售的网货越来越多，他们难以保证自己的店铺和商品被买家关注和购买。平台推出了一些帮助卖家促销的有偿服务和活动，若参加此类服务和活动，则会增加交易成本，牺牲本来就已经十分稀薄的利润。

为了解决买家流量问题，沙集网商曾大量进驻淘宝商城（天猫），后因《商城新规》提高了进入门槛，他们中的一些网商开始另辟蹊径，与京东商城、亚马逊等其他平台合作，给人代工，有的还探索与线下实体销售商合作，希望以此拓展销售渠道。总之，对于未来如何克服平台流量制约的挑战，降低交易成本，扩大销售，提高效益，尚存在诸多不确定性。

竞争者赶超的挑战

由于沙集模式市场进入门槛极低、易复制，近年来，在其他地方，首先在沙集周边涌现出大批模仿者和竞争者。虽然当地政府希望并引导其他村镇依托各自的特色产业发展电子商务，以避免同质竞争，但当地网商仍以简单复制沙集模式做家具网销的居多。我们在同属睢宁县的凌城、高作等地，以及与沙集一河之隔的宿迁市所属的耿车镇，实地访问了一些新近开办网店经营的网商，他们那股赶超沙集网商的冲劲给我们留下深刻印象。有的农民网商在开办当年就做到年销上百万元的规模。特别是耿车的网商，依靠原来做废旧塑料生意积累起来的资金实力和市场运营经验出手不凡，大有后来者居上之势。随着电子商务在越来越多的农村地区发展，沙集人在未来还有可能面对潜在的、实力更强、更有组织的竞争对手的挑战。

对于沙集来说，来自后发竞争者赶超的挑战，是有双重意义的。一是在个体网商

⊖ 阿里研究中心，《小即是美——2010 年度网商发展研究报告》。

的市场经营方面，诸多同质竞争者的涌现，正加速填补沙集网商所在的利基市场的空隙，进一步压缩原有的利润空间。竞争加剧，已经让沙集一些实力偏弱的网商开始退出市场。二是在沙集电子商务的整体领先优势方面，竞争者的赶超缩短了他们与沙集的差距，动摇了沙集网商群体作为沙集模式代表者的领先地位和示范作用。

政府营造新环境的挑战

在新的发展阶段，沙集网商需要提升自身的核心竞争力，增强抵御市场风险的能力，无论是要做大，还是做精、做专、做活，都已遇到了人才、技术、管理等要素短缺的制约。靠现有的农户网商们自己去克服这些困难，或者事倍功半，或者根本就无能为力。比如，农村网商发展需要引进高质量的人才，但当地农村的生活环境不利于外来人才长期落户。要单个网商各自为他们解决生活环境问题，既不经济，也不现实。土地的制约更是农户网商自己无法克服的困难。此类问题已明显制约沙集网商下一步的发展，需要相关主体，特别是需要政府的政策和服务到位，帮助网商们克服独自无力克服的困难。

对于当地政府来说，新阶段、新挑战的关键问题，是要改变支持农村电子商务发展的原有方式。在沙集农村网商从无到有、从少到多的阶段，主要依靠农户增收致富的内在需求和简单复制，沙集电子商务的发展就可以获得强大的驱动力。即使政府部门无为而治，农民网商也可以野蛮生长，无碍大局。然而，在沙集那样的农村地区，当网商简单复制达到几近饱和的程度，当同质竞争达到几近白热化的程度，不突围则无出路，而突破困局又严重依赖政策引导和环境创新的时候，政府还能继续采取无为而治的策略吗？如果主动作为，又应该如何发挥作用？

沙集模式 2.0

像任何事物的成长演变一样，沙集模式的发展也具有阶段性。2010 年，中国社科院信息化研究中心与阿里中心联合发布的《"沙集模式"调研报告》，主要是对沙集模式第一阶段（或"沙集模式 1.0"）的归纳与探讨。随着沙集农村网商从无到有、从少到多，"沙集模式 2.0"的命题便应运而生。

概言之，沙集模式 2.0，是以沙集为代表的自下而上式农村电子商务进入第二阶段的发展模式。它是指作为农村电子商务主体、主要以农户家庭为单位的网商，经历了在第三方电子商务平台上自发产生、简单复制、快速扩张三个阶段，以自组织为主初步形成多物种共生的新产业生态后，其发展模式开始由从无到有的 1.0 阶段进入从弱到强的 2.0 阶段。

在这里，我们需要特别指出两点：

其一，沙集模式 2.0 阶段的电子商务实践探索刚刚开始，其具体发展路径、特点与方式尚存在诸多不确定性。如果说沙集模式 1.0 的研究，更多的是从实践中去发现，在成功实践的基础上去归纳，那么对沙集模式 2.0 的研究则困难得多。因为无论是沙集模式 2.0 的实践本身，还是我们对实践的研究，都带有更多的探索性。即便如此，提出沙集模式 2.0 的概念也有意义，它有利于我们认识沙集模式发展的阶段性，进而探索其新阶段的特殊规律。

其二，虽然沙集模式从沙集农村电子商务的实践中提炼而来，但在理论上，我们仍需把沙集模式的一般特点与沙集一地的具体探索区分开来，这就如同把农村家庭联产承包的小岗村改革模式与小岗村的具体做法区分开来一样。我们非常期待沙集电子商务在 2.0 阶段如同此前一样成功，能够继续领跑全国，但沙集人未来也有可能走弯路，也有可能被其他地区、被后来的竞争者所超越。即便如此，沙集模式以及沙集模式 2.0 所代表的农村草根网商从无到有、由弱到强的一般性规律，也不会因此而失去意义。

把沙集模式 2.0 放到农村转型的历史背景下来看，这其实涉及的是以分散农户网商为主体的农村信息化如何与工业化深度融合的问题，也涉及以电子商务带动的农村就地城镇化问题，归根到底，它研究的是当前阶段新农村建设中信息化助力农村新型群体的成长问题，是信息化时代农民的现代化历史蜕变问题。

根据对沙集模式的跟踪调研，我们将影响 2.0 阶段沙集电子商务发展的主要因素归结为以下四类。

网商群体

网商是沙集模式发展的主体和骨干。沙集模式中的网商，是农户变身而来的。网商以农户为单位或网商与农户合一，是沙集模式 1.0 阶段的主要特征之一，其集中体现是农户网商的家庭制。未来，沙集网商主要可以有如下两大选择：一是基本上继续维持家庭制现状，继续通过简单复制和经营量的增大来发展；二是突破家庭制的制约，包括在产权和经营两个方面引入现代企业制度。其中，在经营方式上，又可以有两种选择：一是做大，走规模经济的发展道路；二是做精、做专，走品种、服务、差异化定制的道路。对于特定的网商来说,未来发展方向的选择也不能一概而论。然而,只要他们突破现状,以创新来提升自己的竞争力,就可能驱动以家庭为单位的农户网商向公司化的方向发展。可见,网商们的分化、农户网商的公司化,将是沙集模式 2.0 的发展方向之一,它意味着沙集网商经营模式乃至产权制度的创新。

网商群体发展的另一个重要方面,是他们之间关系的演进。主要有两点:一是在 1.0 阶段因简单复制带来的同质竞争关系,能否在 2.0 阶段通过经营的多样化、产品线的延长、用户个性化定制、品牌化发展等手段,得到明显的缓解,从而在根本上变竞争关系为合作关系奠定基础;二是网商间的组织化状态,这涉及电子商务协会如何更好地发挥作用,乃至协会本身的改造。组织良好、合作增强的网商群体,将是沙集模式 2.0 的又一个努力方向。

网络平台

网络平台是沙集模式赖以存在与发展的依托。在互联网时代,农村网商的成长与此前一般乡镇企业成长间的区别,也集中体现在网络平台的影响上。沙集模式主要是在淘宝这个第三方电子商务交易平台上形成和发展的。突破平台买家流量的制约,不仅是包括沙集网商在内的中小卖家的期盼,也是平台未来需要解决的大问题。

平台未来的重要发展方向,是通过交易的精准化,有效降低买卖双方的时间和金钱的交易成本。正在探索的一个方向,是按商品品类和产地等多个维度组织分配货源、优化平台界面、引导买家流量和提升交易效率。

2012 年 6 月,阿里巴巴集团曾组织几大部门的业务负责人,对沙集镇和睢宁县进行了实地考察。他们认为,推进当地网商整体与平台对接,在方向上没有问题,但目前条件尚不具备:一是沙集网商太"散",平台不可能与众多沙集网商一对一地协调整体对接事宜;二是当地目前尚未出现一种基于市场的、有助于持续发展的商业合作模式。因此,平台方面期待有一支市场的力量出现,对沙集网商进行有效的组织,把当地政府及平台、支撑体系的各种资源,用市场的方式加以整合后实现对接。可见,在沙集模式 2.0 阶段,改善网商间的组织化状态,不仅是网商自身发展的需要,也是网络平台方的需要。沙集网商无法控制未来平台的变化,但沙集人可以灵活主动地适应平台的变化调整自己。

支撑体系

支撑体系是沙集模式继续发展的重要条件，是由沙集网商的重要利益相关者构成、支撑沙集电子商务发展的各类商业与非商业主体的总和。在前期发展中，沙集围绕家具网销的主营业务，已经初步形成了一个为网商经营和发展提供支撑的市场生态，也成为吸引外地人前来落户创业的一个优势，比如：开工方便、物流有保障、房租便宜等。

不过，随着沙集电子商务向 2.0 阶段迈进，当地的市场生态必将发生变化，这种变化在很大程度上将体现在支撑体系上。首先，沙集电子商务现有的支撑体系，主要是适应网商从无到有的需要而形成的，未来为适应沙集网商由弱到强的转变，其支撑体系中必然需要注入新的元素，尤其是那些可以支持网商在技术、经营、管理等方面提升的新元素。其次，以农户家庭为单位的分散经营模式，在发展中已经面临不少共性的问题，从而在当前及未来的发展中产生一些共性的需求，这就为支撑体系中那些新元素的注入提供了基础。支撑体系的发展可以更多地依靠市场的自组织，也可以借助政府的政策引导，但无论采用何种发展路径，都必须切实解决沙集网商的问题。未来，支撑体系能否顺应网商由弱到强的需要而升级，能否引入网商发展所需的新资源、新物种，突破某些瓶颈的限制，将在很大程度上影响沙集模式 2.0 的发展前景。

政策变量

政策变量是沙集模式 2.0 阶段的关键变量。在沙集模式的 1.0 阶段，政府无须特意采取有针对性的举措，如果说当时政策的主基调是无为而治的话，那么到 2.0 阶段，是延续此前的"无为"，还是调整为"有为"？我们跟踪调研的结果支持政策变量由"无为"向"有为"转变。

政策的有为，不是置市场的基础作用于不顾，无视客观条件为所欲为，而必须是有的放矢。既然不同地方的农村电子商务模式存在着相互有别的环境条件和发展路径，那么在宏观层面，政策就应鼓励各地农村不拘一格地发展电子商务，具体到已经形成自己特定发展路径的地方，地方的政策就必须针对当地的特点顺势而为。在沙集网商家庭制和简单复制同质竞争的情况下，单个农户网商力量薄弱，相互之间不易抱团，客观上需要政府发挥作用。事实上，当地网商也对政府部门提出了这样的要求。另外，政策的有为，必须用对地方，不要介入网商的经营活动和自主决策，而是应专注于环境营造，特别是针对网商们共性的需求，提供高效的公共服务。

例如，沙集网商要彻底抛掉"山寨宜家"的帽子，打造自己的知名品牌，首先要靠网商自己的创新能力，靠产品本身过硬，但同时也离不开一个良好的环境，包括良好的舆论环境。另外，在沙集网商的"专利风波"中，个别境外媒体进行了不实报道，肆意放大沙集网商中存在的消极现象，无视客观存在的大量的客户定制和原始创新，不仅伤及无辜，而且对沙集网商群体和他们经营的商品造成明显的抹黑作用。虽然后来专利部门的调查肯定了沙集网商的创新努力，但媒体的负面宣传并没有得到应有的纠正。可见，在创新环境营造和知识产权保护政策上，仍有许多工作要做。同样，围绕着诚信体系建设、人才引进和培养、资源整合、与平台的合作等诸多方面，政府都有发挥作用的巨大空间。

沙集模式 2.0：发展前景与路径选择

沙集模式的发展前景

　　把沙集模式放在中国农村转型（以农村信息化、电子商务融入和促进农村工业化、城镇化、现代化为主要内容）的大背景之下来看，我们相信，沙集网商不会一直在家庭制模式上止步不前。基于他们所从事的工业、商业本身的技术经济特点和市场竞争规律的驱动，当前的农户网商会出现分化，从中蜕变出具有现代企业制度特征的公司化的网商。作为中国乡镇企业的发祥地之一，江苏在通过产权制度改革，推动乡镇企业制度创新、组织创新、管理创新和技术创新方面，积累了丰富的经验。我们有理由期待，在信息化的今天，在同样发轫于乡镇企业摇篮的江苏，沙集模式可以带给人们新的惊喜，为农户网商的公司化崛起和成长壮大，为探索以信息化融入和引领农村工业化、城镇化、现代化道路，做出新的历史性贡献。

　　较之其他地区同类型农村电子商务的发展而言，沙集目前处在相对领先的水平，率先抵达阶段转换的关口，在发展中具有特殊的有利条件：一是已经形成很高的知名度，这有利于扩大与外部的合作，引入各种新资源；二是已得到各级政府的认可，包括作为江苏省农村信息化示范基地，省有关部门对在沙集建立电子商务园区给予了支持；三是与平台的对接已取得一定进展，地方与平台的合作初步形成了良好的基础，平台支持沙集模式的立场是明确的；四是当地已形成一批开办网店较久、市场经验丰富、电子商务能力较强的网商，他们有条件成长为沙集模式未来的领军人物；五是 1.0 阶段初步形成的适宜电子商务创业的市场生态，已经开始吸引一些外地人前来落户创业，可以将此放大并转化为 2.0 阶段的新优势；六是当地政府对沙集模式非常重视，愿意在这一领域担当探索者、创新者的角色。这些有利条件可为沙集模式在 2.0 乃至今后阶段的成功发展，提供较大的可能性。

然而，要将2.0阶段成功发展的可能性变成现实，尚需付出巨大努力。换句话说，沙集人在未来其实面临着两种可能的前景：一是成功地打破目前的僵局，继续在农村电子商务发展中领跑；二是在现有状态下徘徊不前，被他人所超越。我们希望当地电子商务的各方主体能成功地运用已有的良好条件，不懈努力，在不久的未来实现第一种发展前景。

对沙集模式2.0发展策略的建议

沙集模式2.0能否成功发展，需要在网商群体、交易平台、支撑体系、政策变量四维要素上全面着力。

1. 在网商群体方面

1）开放激活网商进一步发展的内在动力和系统自组织的活力。沙集网商"多、小、散、弱"的状态持续的时间越长，当地的网商生态系统就越会向着无序、弱差异性、低水平平衡的方向演化，从而造成系统发展自组织活力的弱化和衰竭。为激活系统发展的内在动力和自组织活力，系统应该更加开放，引入外部信息、能量和资源，加大系统内部差异性，让系统远离平衡态。为此，网商一是应更多走出当地狭隘的小天地，开阔视野，树立更高的发展目标；二是要加强与外部同行和各界人士的往来与交流，特别是要学习和借鉴其他地方更加成功的乡镇企业家和网商们的发展经验；三是要欢迎新网商、新服务商、新物种的成长和进入，特别要欢迎更有实力的外来企业加入到当地电子商务系统中来。

2）实施品牌化战略。沙集网商无论选择何种发展策略，都要走品牌化的道路。首先，网商须提高品牌意识，不仅要精心打造个体知名品牌，而且要珍惜沙集集体品牌，须知如果集体品牌形象不好，个体品牌也会受影响。其次，协会应该成为本地品牌的重要经营者，特别要履行起沙集集体商标经营管理的责任，协会需制定和完善统一的集体商标使用规则，并依规则实施管理。网商在专利申请和授权使用时如有需要，协会也可予以协助。再次，政府也应在品牌建设和知识产权保护上发挥更大作用。最后，网商的品牌化战略，归根结底需要网商通过技术、管理、服务、合作等一系列创新和改进，用产品和服务说话，赢得客户的认可和好评。

3）加快农户网商公司化步伐。我们期待沙集网商群体中能早日出现真正意义上的公司化改造实践并获得成功，这意味着必须有人能率先摒弃目前已不合时宜的家庭制，解决权责利不清、不愿与他人深度合作等问题，代之以产权清晰、权责明确、管理科学的公司制度，从而为提升企业素质和市场竞争力，为引入和留住外来人才、投资伙伴等外部资源，扫清企业基本制度上的障碍。农民网商要克服"宁当鸡头，不当凤尾"的偏见，破除明显阻碍现代公司制落地生根的思想障碍；网商间、网商与其他市场主体间的业务协作、产权合作的需求非常珍贵，有关方面对此应给予重视与鼓励，有针对性地提供必要的指导、支持和服务。

4）优化网商间的关系。一方面，网商个体要走特色化、差异化道路，特别是实力较强的网商，更有条件主动率先求变和提高档次。"人无我有，人有我优"靠的是品种和质量，"人优我专，人优我精"靠的是产品和服务的细分和专注，而"人优我新，人优我转"靠的是主动差异化和做活。这都有利于让网商们跨出同质竞争的泥沼，改善市场生态系统的低差异化状态。另一方面，鉴于沙集网商以小微企业为主体集群式分布的状况，需要协会在更多方面发挥更加重要的作用。建议当地协会多借鉴义乌、遂昌等地协会的经验，改进自身的运作；建议协会适时进行必要的改组，增强自身的代表性和号召力，更好地发挥协会应有的作用。

2. 在交易平台方面

1）建议平台将沙集模式 2.0 纳入涉农电子商务新探索的部署。近年来，中国涉农电子商务正在由政府主导转入多元主体联合推动的新阶段。[一]其中，阿里巴巴旗下平台扮演着至关重要的角色。现在，阿里的多个子公司相继开展了涉农新业务探索，但在整个集团层面尚未形成面向农村的明晰的战略思路。如果阿里能尽早明确自己平台涉农业务的边界和聚焦点，并向潜在的合作伙伴发出相对明确的信号，将会在很大程度上打消大家担心自己的业务未来与阿里撞车的顾虑，可使更多主体更好更快地参与市场，从而为我国涉农电子商务带来崭新的发展局面。建议阿里有关部门，能将沙集模式 2.0 的问题纳入自己未来涉农新业务、新规则及推动新业务生态发育和生成的探索和相应部署中来，加快在集团层面形成明晰的战略和策略，收到以点带面的效果。

2）建议平台加大对"三农"的支持力度。在沙集模式发展的 1.0 阶段，平台其实与政府一样无为而治。现阶段，阿里巴巴作为领袖级电子商务平台提供商，面对"有限资源无限竞争"的矛盾，也在思考"怎样去调整规则""使得大多数的小网商、小企

[一] 汪向乐，《农民"卖难"与农村电子商务》，《中国信息界》2012 年第 5 期。

业能有公平的机会快速成长，实现更多人的就业和创业梦想"。⊖鉴于城乡二元结构的现实国情，城乡网商的发展机会明显是不均等的。阿里和其他电子商务平台要结合城乡发展机会不均等的现实，加大支持"三农"的力度，特别在激励草根农户网商创业、促进其成长方面，为缩小城乡差距做出贡献。

3）建议平台以沙集模式2.0为契机，探索与地方政府共建诚信体系的战略合作机制。网络诚信体系建设，平台当然责无旁贷，但又不能仅靠平台完成，这是所有电子商务的参与主体和全社会共同的责任，其中地方政府的作用至关重要。无论是将打假落在实处，还是通过大量日常工作营造诚信交易环境，都离不开地方政府。考虑到各地情况不一，以及平台与政府建设战略合作机制的复杂性，建议阿里和其他平台能继续在一些条件较为成熟的地方扩大合作试点。比如沙集所在的睢宁县在社会征信体系建设中，具有良好的工作基础，我们期待平台与当地政府在诚信体系合作共建上，能为全国提供新的经验。

4）建议平台与地方共同努力，加快落实拟议中的其他合作项目。通过前期工作，平台和地方政府已经就线上线下征信数据库合作、网商金融优惠政策、淘宝大学的培训支持、"地区名片"项目等形成了初步的合作意向。希望能加快解决落实中的困难，并以此为基础进一步拓展未来更大的合作空间。此外，当地出现的网商多平台运营的现象，也非常值得关注，应注意发现和解决由此带来的新问题。

3. 在支撑体系方面

1）进一步发挥当地已有的优势，加大力度吸引外部资源，拓宽合作渠道。地方要高度警惕和努力克服传统农村容易产生的排外的意识和做法，要开放怀抱，鼓励外部网商、服务商和其他非营利性各类主体的进入和竞争，特别要欢迎那些长期合作和落户于当地的市场伙伴，公平对待、一视同仁，将他们融入当地已有的市场生态体系中来。

2）以本地网商进一步发展的需求为导向，扩张和深化已有的价值网络。除了当地网商一直存在的融资、人力资源、土地、平台流量、网店运营技能等需求外，随着沙集模式进入2.0阶段，产品设计、知识产权、营销能力、品牌运营、公司化管理、新业务拓展、货源组织、渠道合作，乃至人员培训等需求，也逐渐被提上议事日程。建议当地政府机构、社会组织，尤其是电子商务协会，在打造交流便利的平台上多下功夫，让网络及其独立节点通过交流获得新信息、新能量、新资源，通过共享和外溢机制，

⊖　阿里研究中心，《小即是美——2012年度网商发展研究报告》。

转化并进一步强化整个价值网络的总体优势。可以以本地网商下一步发展的共性需求为导向，重点在组织加强内外交流、引进资源和项目等方面下功夫。

3）调整电子商务园区的功能定位。建议在功能定位上，突出在建园区的创业和产业孵化功能，淡化其一般产业园的功能；在概念定位上，突出其政策空间的概念，淡化其地理空间的概念；在建设上，突出强调非土地硬性制约的其他基础设施和软环境改善，淡化征地拆迁，减轻由此带来的负面效应。一是要打造一个更适合电子商务轻资产项目产生和成长的乐园，鼓励将相关的加工制造项目部署（乃至今后迁移）到本地其他产业园去；二是要兼顾工作和生活，以电子商务创业为主，融在线交易、产品研发设计、配套服务、人才培训以及生活条件于一体，为外来人才安心工作和生活提供必要条件；三是园区要学习义乌经验，办成吸引更多外来资源的乐土，并以此激活本地电子商务发展和市场自组织的活力；四是发挥园区孵化器的作用，着力解决网商在创业期和成长初期的问题，当他们进入起飞期、园区条件不再适应新的需要时，当地可通过新的安排，鼓励他们出园发展，以便为新的创业网商进驻园区留出空间。

4. 在政策变量方面

1）把沙集模式 2.0 纳入地方发展的大战略。中共十八大提出新型工业化、信息化、城镇化、农业现代化同步发展的战略，在以信息化融入农村的工业化、城镇化推进农村经济社会转型方面，沙集模式是目前国内最具知名度和影响力的典型之一。如能借此天时、地利，解决人和的问题，各方合力，走出沙集模式 2.0 阶段的成功之路，对当地乃至全局都将意义重大。这就需要当地政府将沙集模式 2.0 纳入地方发展的大战略，在一个更高的层面上，巩固和加强沙集模式已有的条件和优势，并充分借力沙集模式，把信息化、电子商务与其他多方面的因素重新组合，这将会为地方发展带来新思路、新机遇和新空间。

2）深化机制创新。由多元主体参与和驱动的自下而上式的农村电子商务，已在全国呈现出不同的发展路径，地方政府应视本地情况顺势而为。沙集模式进入 2.0 阶段，提出了有别于前期的新要求。由此，当地政府要更多地发挥主动性，提供适时的和前瞻性的公共服务；政府还应处理好市场的自组织和政府引导的他组织之间的关系，顺网商、服务商需求之势而为，为他们提供公共服务和环境营造之所需，深化政府与市场主体互动机制的创新。加强沟通与合作，做好政策的调整和完善，尤其要在扩张和深化已有的本地价值网络上尽到应尽之力。

3）着力完善适应沙集模式 2.0 发展需要的政策环境。为适应沙集模式 2.0 阶段农户网商公司化、组织优化、品牌建设、规模经济和范围经济的变化，以及当地生态物种丰富化、系统进一步开放合作等由弱到强的发展要求，在政策环境上，政府需要做出一些有针对性的改进。政府部门应首先通过各种渠道和形式，提高广大网商的知识产权意识、品牌意识、诚信与合作经营的意识；其次，要依法妥善处理好当前和今后网商因专利和商标侵权引发的纠纷，扶正祛邪，维护合法经营和创新者的权益，联合各方主体营造更好的市场秩序和发展氛围，也为引进外来资源创造更好的环境条件；最后，帮助网商和电子商务协会开展信息交流和知识分享，帮助他们不断提高创新发展和自我保护的能力。

4）把培训和引进人才放在突出的战略地位，更多地借助外力满足本地的人才需求。在沙集模式 2.0 阶段，人才驱动发展的重要性进一步显现出来。政府要将网商的人才需求纳入已有的人才体系中来，进一步完善政策，同时加快小城镇建设，改善外来人才工作和生活条件。另外，在睢宁县所属的徐州市和周边的宿迁市，聚集了多所高校。当地可以借鉴义乌依靠外地人才发展的成功经验，充分发挥网络创业和产业发展的优势，通过联合高校、电子商务企业共建实习和培训基地，鼓励在校大学生网络创业等方式，打破网商与所需人才之间交流与合作不足的障碍；鼓励有条件的网商或协会直接与高校建立更为灵活的"订单式"培训课程，以应网商对人才的急切需求。

总之，从历史发展的角度看，沙集模式 2.0 阶段面临新挑战是很正常的现象。这其实是中国农民在工业化、信息化、城镇化和现代化过程中，实现自身历史性的社会蜕变的必然。沙集模式 2.0 所折射出来的农民草根网商推动的农村社会变迁，最重要的内容之一就是农村网商乃至所有农村人口自身的变迁。这是一个历史性任务，现在已经摆在所有人面前。眼下，沙集所发生的农村转型，已越来越多地在其他地方的农村发生。包括沙集人在内，越来越多的农村草根网商正在快速崛起，他们的成功又在影响更多的农民加入进来。这一切必将加速中国农村社会转型的现代化进程！

（本文刊于《阿里商业评论·小县域 大影响》，2014 年 9 月）

Part3

第三篇

营销的未来

互联网：美丽新世界

陈刚：北京大学新闻与传播学院副院长

互联网的出现对人类的经验是一个巨大的挑战。我们处在一个典型的由技术创新促进社会进步的时代。就像人类社会曾经出现过的蒸汽机、发电机、计算机那样，互联网所带来的改变是全方位的。每一次技术创新都带来了一场从生产技术、制度文化到意识形态的深刻变革。这种改变是全景式的，演变无所不在，深入到社会生活的各个细节当中；这种改变又是渐进式的，不断汇聚资源与力量，逐步突破边界和变革内涵。

以互联网为基础的新传播形态是依托数字技术对人类日常生活中的各种信息传播和交流活动进行的虚拟还原和放大，这种传播形态创造了一种新型的数字生活空间，我们都生活在这个空间里。比如，周末休息，照以前的生活方式，只待在家里是非常无趣的。而现在因为有互联网的存在，我们在家里也可以上网聊天、看电影、听音乐、购物，这一天可以过得很充实、很丰富，甚至可以很精彩，而在过去这完全是不可想象的。

中国互联网络信息中心（China Internet Network Information Center）的报告显示，截至 2014 年 6 月，中国网民规模达 6.32 亿，其中手机网民规模达 5.27 亿，互联网普及率达到 46.9%。网民的上网设备中，手机使用率达 83.4%，首次超越传统电脑 80.9% 的使用率。从用户生活时间的分布上来看，用户使用互联网的时间越来越长，从 2011 年的平均每周 18.7 个小时上升到 25.9 个小时。这意味着人们对互联网所构筑的数字生活空间的依赖性在不断增强，而对现实生活空间的依赖则在不断下降。数字生活空间一方面是现实生活的延伸，另一方面又同现实生活有所区隔，它们是并行与互动的关系。不难发现，现实生活的各种现象和关系都会在数字生活空间有所呈现；数字生活空间发生的变化反过来又会对现实生活产生影响。

在数字生活空间中，消费者首先是生活者。他们可以接受各种信息，购物和娱乐，也能表达自己，发表个人的看法、分享自己的观点；他们可能因为某个产品、某个品牌而聚在一起，不受时空限制地讨论相关话题；他们不再被动地接受品牌与产品的信息，他们会评论、会创作，会深度参与其中。显然，原有的广告、公关模式都难以应付这些生活者的需求，变革是必然的。

一切面对消费者的制造业都是服务业

在传统的市场传播环境中，企业从发现需求到满足需求，需要一个较长的生产和服务周期。企业服务呈现出延时性特征，工作时间的 8 个小时之外，大部分企业不再提供服务。生活者的消费需求从时间上来看可以分为长期需求和短期需求：长期需求具有稳定性，比如对房产、汽车、家具等耐用消费品的需求；短期需求具有即时性，比如对饮料、出租车等快速消费品的需求。而在数字生活空间，生活者可以全天候地表达他们的需求，或寻找信息，或讨论交流，或进行消费。哪个企业能够提供 24 小时的即时服务，就有可能在该品类市场竞争中脱颖而出。这种服务不仅是生产和售卖，还包括在生活者需要的时候保持产品和品牌与其全面接触和有效沟通。因此，无论是生产、销售还是营销，企业都要全方位地调整自己的时间观念，由"延时性企业"转化为"实时性企业"。

在数字生活空间里，传统的营销方式已经无法很好地触及如今的生活者，他们要的是更为实实在在的帮助和服务。传统的企业与消费者关系在数字生活空间中演变为"服务关系"，用户成为生活者，企业成为生活服务者，媒体成为生活解决方案的服务平台，企业通过各类生活解决方案的服务平台为生活者提供服务。

因而，在我看来，未来一切面对消费者的产业都是服务业。适应数字生活空间的变化，制造业要走向服务化，而服务业也必须依托互联网技术进行再服务化。

由我提出的创意传播管理（CCM）理论认为，要进行互联网时代服务化的转型，企业必须建立能够快速、及时反应的管理体系，改变现有的组织结构。现在企业与消费者沟通主要通过媒体完成，但未来不会是这样。互联网的一个重要特性就是去媒介化，即去掉中间的媒介，企业要直接面对消费者。事实上，在数字生活空间内，企业完全可以通过相关技术手段真实而清晰地知道每一位消费者的生活特征、位置等关键因素，真正实现一对一的沟通和销售。未来企业不再是在传统意义上做好规划、研发产品，然后营销推广、大量售卖，而是要快速地获取生活者的需求，根据需求快速做出反应，邀请生活者参与到产品的研发过程，不断升级产品或产业，满足他们的需求甚至超越其需求。

2011 年，招商银行率先在其品牌宣传部门设立了创意传播管理岗位。如今越来越多的企业或组织开始行动起来，还有一些企业在不断地探索。因为要面对数字生活空间中的企业服务化转型，企业自身的管理体系和管理架构必须进行调整和革新。

海尔也明确提出从产品导向、品牌导向走向服务导向。张瑞敏曾说："近几年来，海尔主要做了一件事——流程再造，归结起来就是两个转型：一是商业模式的转型，就是从传统商业模式转型到人单合一的双赢模式；二是企业的转型，就是从单纯的制造业向服务业转型，从卖产品向卖服务转型……现在企业和用户之间信息不对称的主动权改变了。这个时代不再以企业为中心而是以用户为中心，这是一个非常大的改变。如果企业不能因时改变，还抱着低成本、大规模制造的观念，肯定是行不通的。"

为适应企业的服务化转型，海尔改变了其内部原有的管理体系，设立了全新的部门，叫作"企业文化中心"。这个部门把原有的市场部、战略规划部、客服部、电子商务部等变成了它的下属机构。对应互联网和消费者的各种信息，快速反应，进行生产，不断满足消费者的个性化服务需求。同时，海尔正跟踪 3D 打印技术，尝试应用新技术、新工艺为消费者提供定制化的个性化产品。

企业如何拥抱互联网时代

企业对互联网的认识大致可分为五个层次，分别是：媒体、舆情、电商、资源挖掘、传播管理平台。

在认识的第一个层次，互联网被看作大众传播的媒体。最早有这样一种说法，称互联网为"第五媒体"，并在上面投放广告。后来，又因为互联网有互动的特性，又改称新媒体。当然，现在越来越多的人认识到，使用媒体来描述互联网是有害的，容易产生很多误导。

在认识的第二个层次，互联网被看作舆情监控平台。因为有一系列负面信息会在互联网上被曝出，部分快速扩散并造成巨大的社会影响，比较典型的有 2011 年罗永浩砸西门子冰箱事件。此后，网络，特别是微博，作为危机公关的重要阵地而被高端关注。

第三个层次就是所说的电商。一些企业逐渐发现，很多产品还可以拿到网上去做销售，即互联网还有销售的功能。

第四个层次，所谓资源挖掘或者可以理解为大数据。通过对个体消费数据的收集、整理、分析，电商能够分析个体的消费习惯和特点，甚至预测个体的消费需求。比如分析到你家里刚刚添了小孩，可能会集中向你推荐奶粉、尿布、婴儿用品等。目前，只有很少企业能够在这个层级上工作，这些企业基本上来自于本身就有互联网基因的公司，比如腾讯、百度等。

第五个层次，就是传播管理平台。这是未来企业应该在互联网空间中存在的状态。改变现有的组织结构，建立扁平化的传播管理部门，开发和运用传播管理的技术平台，与生活者进行全天候的沟通。产品的设计生产、营销传播、销售和客户服务，都将依托这一新的部门来实现。这是一种系统性创新，需要企业通过组织机构调整才能完成。现在，也有一些企业在尝试构建传播管理平台，比如前文提到的招商银行、海尔都已经设立了这样的工作岗位。未来，传播是企业发展最核心的环节之一，是战略和管理层面的问题，而新型的传播管理部门的出现是大势所趋。

那么，企业该以什么样的姿态拥抱互联网呢？首先，通过互联网提供的大数据资源，与消费者实时互动，深度洞察消费者，进行各种层级的创新。

开放和互动是互联网的本质，互联网的其他特点都基于此。对于企业而言，互联网不仅可以有更大的空间和平台去表达自己，更可以通过大数据资源的互动性，倾听消费者想要的，而这其中往往就蕴藏着企业从前很难发现的巨大商机。

以华为为例。2012 年，天猫电器城手机销售额同比增长 215% 以上，在品牌销量增幅方面，华为当年同比增幅位列第一，华为荣耀四核在天猫首发曾创造过 10 分钟销售千台的佳绩。

华为手机从设计到定价的整个过程并不简单，他们通过互联网时刻关注并深度研究消费者行为及其动态变化。以 6.1 寸巨屏智能手机华为 Mate 为例，这是一款由华为终端与阿里巴巴旗下天猫深度合作的业界首款 C2B（消费者驱动商家）商业模式手机，其价格也是由华为、天猫、聚划算联合发动网友力量共同"商定"的。

从 2012 年 11 月起，华为与天猫组建联合团队，通过在线调研、消费者访谈等多种方式，以及对天猫手机类目海量数据库深度挖掘，最终聚焦在消费者对于大屏、大电池、视频功能强的手机影音需求上，华为 Mate"口袋影院"由此诞生。

"这是一部从消费者中来、到消费者中去的手机。"通过互联网和传统制造的结合，实现供应链的 C2B 并不复杂：首先是了解消费者需求，然后创造产品，展开营销，甚至在最终定价上也充分尊重消费者意愿，是业内第一次在定价权上实现与消费者的互动。手机最终售价多少，最大程度上反映了消费者意愿：手机发售前，聚划算就面向用户进行价格调研，超过 41 000 人参与了问卷调查。结果显示，60.63% 的消费者的意向购买价格在 2 500~3 000 元。根据消费者调查结果，华为 Mate 价格最终定为 2 688 元。

于是，企业与消费者的默契由此形成，而有了默契，顾客才买账。华为 Mate 由此诞生，并取得了绝佳的市场销售效果，Mate 现货首日即被抢购一空。

第二，勇于求新求变，捕捉并善用变化中的红利期。近些年，中国的互联网行业一直呈规模化发展。面对变化，很多企业采取的是观望的态度，这样往往就会失去对整个行业的领先优势。就像最早做电视广告的企业品牌，直到今天，还深深印在消费者的脑海里，甚至成为 70 后、80 后怀旧的经典桥段。但这些年，随着消费者注意力的稀释以及优质资源时段的稀缺，做电视广告不仅耗资巨大，传播效果也大打折扣。

对于互联网来说亦是同理。尽管从流量的发展趋势上看，个人电脑端的流量已经进入平稳期，流量增长的红利期已过，但无线端还没形成商业机会。现在流量的红利窗口已经打开，商业机会将会在短期内激增。传统企业要想做互联网营销，一定要抓住红利期，去思考如何利用互联网巨头提供的工具，成为整个行业的先行者，率先实现对行业竞争规则的颠覆，以及对竞争对手的强势超越。

第三，认清消费者在大数据时代的主导地位并与其建立长期的默契关系。今天的消费者不再是"早上看报纸，晚上看电视"这样闷头过日子了，互联网赋予了他们更多的能量。他们是现实生活里的自然人，是互联网营造的数字生活空间里的生活者；他们既是消费者，也是信息的接收者、创造者和传播者。企业的有关信息触达之后，不管是正面还是负面信息，只要消费者对其产生兴趣，就有可能成为另一次企业信息传播的起点，他们会把这些信息主动传播给另外一些人群。如此这般，企业的相关信息就如涟漪般传播开去。

互联网让商业世界变得透明化，也让消费者掌握了更多的知识，并变得专家化。企业与消费者之间信息不对称的局面进一步打破，消费者之间的沟通也变得便捷和紧密。过去商家依靠密集广告、营造概念等方式可以很轻易地"忽悠"消费者埋单，而在今天这些方法基本上已经很难奏效。尤其是在中国市场还存在规则不完善和诚信体系落后的问题，消费者的戒心更重。

消费者开始掌握越来越多的主动权，他们会自己决定何时、何地、从什么地方购买何种商品，而企业营销人员需要做的就是及时响应以帮助消费者达成目标。尤其是在社会化媒体越来越普遍的今天，消费者不再做被企业轻易操纵的对象，对于自己不满意的产品或者服务，消费者可以高调拒绝购买，若觉得不爽或者感到被愚弄，消费者随时可以发表评论甚至揭发企业丑闻，并通过互联网迅速传播到四面八方。消费者的力量已经崛起。

因此，企业从现在开始必须重新审视与消费者的关系，即刻做出有针对性的调整。

（本文刊于《阿里商业评论·营销的未来》，2014 年 11 月）

营销的未来是对人性的体察

段永朝：财讯传媒集团（SEEC）首席战略官

现在移动营销领域开始流行 RTB（Real Time Bidding，实时竞价概念）。其实 RTB 是类似碎片化的广告通路及效果追踪，聚合起来给广告主一个投放策略组合，然后根据每个消费者的"数字足迹"，进行更加精准的行为刻画，进而实现更加精细的单点计费或者单点评价。很多 4A 广告公司都很看重这种做法。不过我觉得，RTB 或许能为拯救 4A 公司提供一点有限的想象空间，通过精细化广告投放、个性化推荐来延长广告业这个行当存续的寿命，但从长远看未必是一个核心点。

那么未来营销的内涵是什么？无论是学院派的营销学，还是营销实战，都建立在传统经济学的基础以及对人的基本假设上，即资本、劳动、土地作为生产要素，通过价格杠杆作用下的市场机制，达到资源配置的某种均衡，进而促进社会福利的最大化，其中隐含的人性假设就是"自利的经济人"。这些东西在今天看来依然有合理成分，但已经面临重大挑战。

今天我们要把经济学放在一个大的背景下来看，这就是互联网。在此背景下，经济学要和社会学、心理学、认知科学相结合。市场营销理论也要放在社会学、心理学、认知科学角度下重新审视。营销为什么会存在？营销在未来存在的价值和理由是什么？简单来说，美国的营销学热潮始自 20 世纪 60 年代，各类营销学说、方法竞相登场，但发展至今，并未有重大的突破。我们可以看看 2013 年 7 月美国营销协会给"市场营销"下的一个最新定义：市场营销是在创造、沟通、传播和交换产品中，为顾客、客户、合作伙伴以及整个社会带来价值的一系列活动、过程和体系。这个定义我认为了无新意。为什么？原因就在于它依然将生产者、营销者和消费者割裂开来，这是今天营销学、营销实战面临的最核心挑战。

假设人是"自利的经济人"，假设生产者和消费者是分离的，是通过市场行为进行价值交换的，在这样的假设下，我们看到的往往是过度包装和过度营销，是营销通道和媒体的利益勾连，是让·鲍德里亚在《消费社会》一书中描绘的"符号消费的意义代替实物消费的意义"。

如此来看，营销学的理论和实践有个很大的问题，即营销学的本质就是充分挖掘和利用人性的弱点，就是让人在商品消费过程中产生不可自拔的迷恋和愉悦感，让人流连忘返。美国学者丹尼尔·贝尔对"后工业时代"的批判，詹明信对"晚期资本主义文化逻辑"的分析，以及海德格尔、鲍德里亚、麦克卢汉、尼尔·波兹曼等学者，对资本主义工业社会从哲学、社会学、传播学不同角度的批判，都深刻地揭示出这一点：工业时代对人和人性的研究，依然很不充分。

从营销的角度来说，过度营销导致过度消费，带来社会生活、生产方式、消费方式，甚至人们生活理念的巨大扭曲，并产生惊人的资源浪费。美国学者齐格蒙特·鲍曼曾在《工作、消费、新穷人》一书中描述了他所认为的穷人和资本主义社会：资本主义社会可分为生产型社会和消费型社会。生产型社会中的穷人是属于没钱、消费能力不足的群体。在消费型社会逐渐兴起的过程中，尤其是到了 20 世纪七八十年代，电视文化大行其道。在这个消费型社会，人们已经不再是因为没有消费能力不去消费，而是厌倦消费，缺乏消费意愿。在这个社会，人们只需用 3%~5% 的钱就可满足一般的衣食住行，其余的消费都是为了满足自己的认同感，为了满足某种文化的需要。

美国在 20 世纪 80 年代出现了一个叫作 BoBo 族（布尔乔亚—波西米亚）的群体。他们有消费能力，但倡导返璞归真，比如手工打造项链、手工缝制皮革。BoBo 族的崛起，其实就意味着社会的消费趣味发生了变化。

日本在 2005 年出版了一本名叫《下流社会》（作者三蒲展）的书。这里的"下流社会"是指沉迷于电子游戏、手机的年轻人和嘻哈族，他们对上流社会是不屑一顾的。100 年前，人们对上流社会充满向往和敬仰，最典型的像英国著名小说家狄更斯《远大前程》里描述的一个乡下男孩，他来到城里，面对现代社会文明心潮澎湃，并立志要跻身这个行列。现在的 BoBo 族、嘻哈族等所谓下流社会的人群对上流社会的做派厌恶至极，他们根本不把上流社会作为自己的追求方向，他们完全有自己的生活风格。

在这个大背景下，互联网真正带来的是什么？是契合 BoBo 族、厌消费主义者、嘻哈族真实心愿的新的可能。样式、风格、品味，乃至价值观，都不能事先像生产啤酒一样"罐装成型"，人们不再是被动的消费者，不再被牵着鼻子走，而是拥有了可以创造生活、分享乐趣、点赞他人的强力工具，这就是互联网、社交网络。相比之下，传统营销学致力于制造大批量没有思想、没有情感，只是乐此不疲、沉溺其中的消费者。传统营销理论与实践，其目的都在于让你产生当下的消费快感，让你产生当下不可遏制的购买冲动，但是买完就后悔的情况比比皆是。从 20 世纪 60 年代、80 年代到现在，反消费主义、厌消费主义、返璞归真等思潮一直暗流涌动。我们需要思考的是，这个历史洪流会延续吗？在互联网背景下，营销学会出现重大逆转吗？还是出现一个双方博弈的中间状态？我想这就是未来 10 年营销学的课题，这就是营销学的未来！

新生意模式

未来到底什么是"生意"？做生意是为了什么？消费的目的到底是为了什么？这些问题目前很难回答。人们说，做生意的目的就是为了赚钱，也就是说，商业文明的内核是赚钱。你也可以说是为了"增长""持续增长""创造价值"等，但都离"赚钱"这个目的相差不远。这时候你会看到，社会责任、文化交流、快感共鸣等就显得没有根基，因为商业社会一切都基于赚钱。可是现在你会发现，这个根基已经发生了一些松动。举个例子来说，维基百科、百度百科、美剧字幕组都在为广大网民提供免费服务，很多很好看的国外文章都是由志愿者们免费翻译过来的。先不论其中的商业模式，至少在今天，我们对在互联网世界免费获得这些东西已经习以为常。传统经济学对此却无法解释：怎么会有一大批志愿者乐此不疲地贡献自己的东西？用传统经济学的假设，有时候很难解释人的某些活动是心甘情愿的，是不以赚钱为目的的。看了一集美剧，我们不会感谢字幕组，甚至字幕组也不知道到底是谁在看，这些贡献者和消费者是隔绝的，也没有一家网站试图把这两部分人撮合在一起。其实 C2B 以及大规模定制、分享经济等模式里就有大量分享快乐的影子。我们必须敢于想象，未来的商业立足之本，可能不再是围绕赚钱，或者赚钱要稍微靠边站一点，未来的商业可能会出让一部分地基给分享经济。如果是这个格局，生意模式可能会发生变化。

如今"营销"变得无处不在，而且处处充满人性关怀，但深刻挖掘其内涵，必须有对传统营销学的理论、假设有清醒的认识。今天人们依然没有感受到营销学可能面临的冲击，传统营销学可能会崩盘，而我们需要学会未雨绸缪、见微知著。

营销的核心问题不一定是技术细节，而是对人性的体察和未来人的认知与行为模式的基本假设。以支付宝为例，它面临的挑战看似是移动支付，但这只是暂时现象，它面临的真正挑战是"传统支付的颠覆"。支付，将不再是"一手交钱一手交货"的中介职能，而是把交易关系纳入社交网络的最佳纽带，它将是关系、信任、亲密性、愉悦感的度量。现在，Paypal（贝宝）公司已经准备接受比特币，这至少说明他们没有对虚拟货币视而不见，支付跟虚拟货币一定会共存。其次，支付承载的一个基本功能就是交易中介，但狭义的"买卖"是无法承载分享经济的。分享经济倡导的是赠予和分享，买卖则是等价交换。著名的未来学家阿尔文·托夫勒在20世纪80年代就提出一个词"prosumer"，生产者亦是消费者。这种生产者、消费者、运输者等角色的划分标准都源于工业时代，而今天都变成一个社会节点，每一个社会节点都一定是双重角色和多重角色的合一状态。例如，美国有家电商公司Quirky，每个消费者每天都可以提交自己的创意，每周做一次创意评选，评选出10个点赞最多的创意，然后交到工厂里生产。当你提交创意的时候你是创新者，提交之后你可以根据你的专长做设计者。提交创意参与生产，你就是生产者，等这个产品做出来卖掉，你自己也可以用，那你既是生产者也是消费者，你会发现大家的生产、消费在不断地卷入这个过程。这就意味着企业角色在未来将发生变化，职业和日常生活也将发生变化。

可见，营销学的基本理论如果动摇的话，会对人的消费行为、社会的运转状态、企业的组织形态、工作形式产生一系列的冲击和变化。

社区经济商业化

社区经济、自媒体如何在当前环境下实现商业化呢？当前的环境是，我们的下半身在旧社会，上半身已经到了新社会。如何在旧社会里商业化，那只能是利用时间差。例如，1991年中国的证券市场开放，当时赚钱的商机不在股票交易，因为没有几只交易股票，当时赚钱的市场在股票培训班、高管训练营、股票分析师学习班等相关的培训项目，即教育培训经济。1995~1998年，一波行情出来，上市公司随之增加，这个时候的商情、各种交易信息及信息汇总最赚钱。所以说社区经济如何赚钱，一个思路就是要接地气，要围绕当下热点问题、大家的痛点做文章。

另外就是想法要稍微超前一些，一定要看到我们现在所处的这个商业环境依然是过渡期，一旦熬过去可能就会迎来爆发式增长。如果熬不过去，那说明这个商业模式根本就行不通。不过，今天行不通不代表明天行不通。在未来的商业模式中，有一个叫自组织的商业模式。所谓的自组织商业模式，就是指新的投资关系、雇佣关系、生产关系、供应链整合关系等，都带有一定程度的不确定性，都需要因时因地，根据市场波动、客户需求快速聚合。我曾经说过，未来一定有一类新型的"快聚快散"的企业，他们的生命周期可能只有几个月。一旦市场有需求，资源立刻聚集起来，组织设计、生产和营销，消费者也卷入其中，乐享成果。一旦任务完成，资源各自归位，各行其是。自组织的一个体现，就是众包、众筹。2014 年中秋节前夕，"罗辑思维"搞了一次"做月饼"活动，这是一次非常成功的"快聚快散"的自组织商业实践。

　　互联网下的企业组织，它一定会有一种资源聚拢、资源分散、资源不停流动中的业务模式，这种业务模式特别契合今天的社区经济。社区经济没做好，说明资源的流动性没有一个好平台，或者说资源流动的成本太高。

（本文刊于《阿里商业评论·营销的未来》，2014 年 11 月）

品牌与效果，如何做到两者兼得

付正刚：优酷土豆集团销售营运副总裁

一直以来，"品牌广告"与"效果广告"是营销中两个不同的领域，如同"鱼"和"熊掌"一样不可兼得。很多品牌更多依赖"品牌带动销售"，而电商品牌则依赖"销售提升品牌"。如何打通这两个环节，既能提升品牌认知，又能带动销售，成为依赖传统渠道的品牌（以下简称为"传统品牌"）与电商品牌共同的梦想？

2014年4月，优酷土豆与阿里巴巴达成战略合作，视频 + 电商，会碰撞出怎样的火花？尤其是在广告营销领域，品牌如何看待视频与电商的大数据合作？视频与电商的大数据，如何重塑视频广告价值？视频与电商的结合，会带来哪些营销模式的创新？

当年8月，真人秀节目《女神的新衣》开始在优酷土豆独家热映，而与此同时，进入天猫首页，你会在右上角看到"女神的新衣天猫带你边看边买"的角标，点击进去，是《女神的新衣》节目与天猫联手打造的购物页面，这是"视频 + 电商"所带来的营销变革的第一步。

未来的营销，品牌广告与效果广告将不断融合、领域彼此渗透，广告即是销售，内容就是店铺，而粉丝正是你的核心消费者，最终实现品牌广告与效果的兼得。阿里巴巴与优酷土豆两大数据云的首次融合，将打通营销全链条，是"品牌 + 效果"双赢的选择，鱼和熊掌由此可兼得。

品牌电商化、电商品牌化进行时

传统品牌与电商品牌的特质不同。传统品牌的品牌认知度高，然而相对于整体的受众来说，真正位于顶端的忠实客户比例较小。而电商品牌正好相反，拥有大量收藏店铺、多次购买的忠诚消费者，但大多数品牌传播局限于淘宝生态圈，因此对于大众消费者来说，品牌认知度不够高。

如今，两者正相向而行：品牌电商化、电商品牌化成为目前的两大热点。那么，如何在实现品牌化的同时促进销售，在促进销售的同时提升品牌，实现完美的平衡？

视频和电商的结合，不只是广告形式的转变，还是通过技术元素的加入，让营销的链条从头至尾打通，最终构建起从营到销的通路。

广告即销售，屏幕即渠道

想象一个场景，消费者 A 近期常常在淘宝搜索某手机信息，进入优酷土豆平台后，系统根据这一记录给 A 及时推送该品牌手机的评测视频，或者在他观看视频时直接看到了手机促销活动的贴片广告。对于 A 来说，此时得到的信息不是普通的广告，而有可能直接促使他做出购买决定。如果此时点击广告即可进入购买页面，也许直接就促成了销售转化。

基于大数据云的融合，我们将能够了解全网用户的行为习惯，通过多维数据做出消费者画像，甚至实现实时的行为数据追踪，从而锁定品牌目标消费群体，并通过在合适的时机场景投放合适的广告产品，最终打通从品牌认知到购买的环节，实现：对的人 + 对的场景 + 对的广告产品 = 销售，即所谓的"广告即销售"。

此时，屏幕的功能得到了进一步升级。在多屏时代，越来越多的用户与品牌的接触行为发生在屏幕上。从产品信息的搜索，到品牌内容的了解，直至最终的购买，以及后续的评论反馈、信息分享等，屏幕成为品牌与消费者沟通的全渠道，也是数字时代最强大的渠道。

内容即店铺，粉丝即核心消费者

凯文·凯利有著名的"1 000 名铁杆粉丝"理论，即任何创作者只需拥有 1 000 名铁杆粉丝便能糊口。"1 000 名铁杆粉丝"理论最新的证据之一是"罗辑思维"团队在 2013 年 9 月启动付费会员制，5 500 个会员名额半天售罄，入账 160 万元，而距离节目 2012 年 12 月开播还不足一年的时间。

"1 000 名铁杆粉丝"理论可以在无数场合得到验证，从苹果粉到"韩剧明星同款"广告语，都可见一斑，它的理论基础在于"粉丝都是核心消费者"，粉丝的忠诚度使其成为品牌最强有力的支持者,无论是个人还是品牌,粉丝都是最核心购买力,撑起了一个个苹果,或者小米。

那么如何吸引、经营粉丝?在眼球经济时代,内容而不是直接的广告,成为品牌信息最优秀的载体,是凝聚粉丝不可或缺的一环。如今内容营销如日中天,很大程度上源于其对品牌粉丝的推动能力。以优酷土豆的自频道为例,个人或品牌类的自频道主可以通过发布视频类内容,展示其影响力,吸引粉丝关注追随,进而促进购买转化。

在未来,店铺将可能不再是有着一排排货架的实体店,甚至不是有诸多产品页面的虚拟店铺,而是一条条有着优质内容的视频。内容凭借其优质信息的传递,凝聚了越来越多的粉丝,最终转化为购买力。

从应用到系统群,星战计划出炉

无论是从广告到销售,抑或是从内容到店铺,这些最潮流的趋势后面,都需要有技术、产品的强有力支持。为了流畅地完成转化,帮助品牌实现"品牌广告"与"效果广告"的衔接,优酷土豆基于与阿里的合作,推出了相应的广告应用、内容应用,以及广告系统群,来解决传统营销中的难题,提升营销效果及效率。

跨屏去重问题。在多屏主流化的趋势下,跨屏去重是广告主多屏投放面临的现实问题。基于和阿里巴巴旗下技术营销平台——阿里妈妈 DMP 平台的大数据协同,将阿里巴巴的消费数据、位置、天气和社交数据与优酷土豆的视频观看行为数据关联,优酷土豆推出"合一 ID",突破性地实现对用户跨屏、跨运动、跨媒介的追踪,将视频用户的数据与阿里的身份识别系统进行关联匹配,从而彻底实现用户唯一身份的识别。这在视频行业中是独一无二的。

广告活动之间彼此割裂的问题。以往的品牌广告活动彼此之间往往是割裂的,而基于"合一 ID"对用户全时、全维的追踪,品牌将能够以用户数据为基础,对广告活动做全年规划,让它们实现彼此关联,持续经营用户数据池,让品牌营销不断深入,直达转化。

精准且规模化的问题。之前广告主在精准营销中常常遇到的困难,就是期望广告能够精准覆盖。然而在传统意义上,由于数据量和数据维度不足,"精准"往往意味着范围变窄,在有限的池子里越挑越少。而优酷土豆与阿里大数据对接,则可以解决这一难题。通过对现有忠实消费群体的分析挖掘,我们可以找到与他们类似的消费群体,在精准定位的基础上，帮助品牌有效扩大受众规模。

内容营销匹配度的问题。很多品牌都期望能在传播中借力最优质且匹配的载体。比如优酷土豆已不仅仅是视频网站，而是多屏文化娱乐平台，无论是自制内容、专业生产内容、用户生产内容，都正走向更加繁荣与多元。那么如何挑选对品牌来说最理想的内容呢？借助大数据分析，优酷土豆一方面依据该品牌的消费者的喜好，预测内容在目标群体中的受欢迎程度，甚至为品牌量身打造内容；另一方面，优酷土豆可以将带有品牌信息的内容准确地推送给目标用户，实现精准投放。

从视频观看到销售订单转化的问题。优质内容往往能够激发用户的消费欲望，然而如何及时捕捉，直接促成订单？优酷土豆推出了"边看边买"和"有料"两大产品，用户在观看视频的过程中，对感兴趣的商品可以直接点击进入淘宝店铺，一键完成购买，让观赏视频的过程和网上购物的过程相互融合、渗透，流畅完成转化，从营到销全链接，最终实现一键闭环。

品牌广告与效果广告的效果衡量无法打通的问题。在传统营销的维度中，两种广告使用不同的衡量评价体系，因此难以在投放上打通，我们推出的"售卖—投放—评估"三位一体的"倚天广告系统群"，可以在评估体系上完成"品效合一"，打通品牌广告与销售广告的效果衡量。

总之，从广告应用层面的"合一ID""规模化精准"，到内容应用层面的"边看边买""有料"，再到广告系统群"倚天广告系统群"，这些"星战计划"将助力传统品牌和电商品牌，完成从营到销的全链接，很好地诠释了"广告即销售""内容即店铺"的营销新概念。

最后，我们以约翰·沃纳梅克的一句话结束全文："我知道我的广告费有一半是浪费的，但我不知道浪费的是哪一半。"通过将品牌与效果打通，使营销完成闭环，也许我们比任何时候都更接近这个问题的最终答案。

（本文刊于《阿里商业评论·营销的未来》，2014年11月）

大数据，大营销——全息大数据营销研究探索

霍志刚（成化）：阿里妈妈品牌实效事业部总监

张陆（法然）：阿里妈妈大数据中心高级专家

> 将消费者当人看，而不仅仅是消费者的这一身份。

———迈克尔·R·所罗门

消费者导向与消费者这一身份

消费者导向（Consumer Orientation）已经获得学术界和主流品牌商的广泛的认可，大量研究、理论与实践围绕着消费者洞察展开，国际品牌商的营销战略和规划更是基于此。定性、定量的研究方法，专业的研究体系及系统，如 CMMS、CNRS、iuserTracker 等，甚至跨国品牌、4A 代理商专门的研究中心，大量的系统、理论、模型每天被应用在营销决策当中。

这些消费者研究主要基于样本调查，有效的合适数量的样本置信度已被大量的研究证实，所以问卷、小组访谈方式被广泛采用，结论用于品牌、营销、媒体传播等大预算支持的市场活动。

而实际情况是：这些数以亿万计的大量预算，往往是在"试错"，比如基于消费者研究确定的策略导向，基于策略导向确定的媒体投放，最后营销者在大量的投放数据中，选择效果好的继续投放，但随着品牌、产品、竞争、目标人群的改变，这一切又会再来一遍。约翰·沃纳梅克曾有个很有名的问题"我知道我的广告费有一半是浪费的，但我不知道浪费的是哪一半"，不管大家如何解释，可以确信的是这个问题和"消费者研究"有关。让我们先来看"冰山图"（图 3-1）。

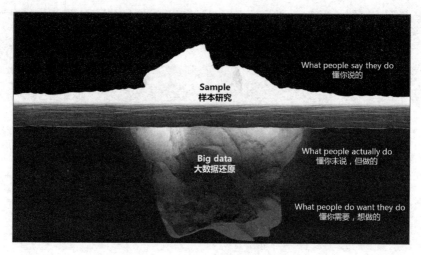

图 3-1　冰山图

如果被问"你前天做了什么？"你或许能回答上来，那么上个月呢？半年前呢？一年前呢？恐怕记性再好的人也难以准确回答了。

但是大数据可以，被遗忘的、忽略的甚至是不经意的信息，都可以被还原。我们从冰山上只知其然，而巨大冰山下可以知其所以然。

或许看到这里，营销者会很自然地联想起那些熟悉的消费者研究，那些问卷、小组访谈的主持人、单面镜、各种回答……这些被研究的消费者，即是所罗门提到的"消费者这一身份"。

大数据，还原消费者为"人"，还原营销为"生活"

常用的消费者洞察维度包括：目的、动机、态度、选择、评价、购物、行为、决策过程……这些耳熟能详的专业词的背后是大量的理论、模型、消费者样本、数据、分析。

而作为人的个体，他们喜欢什么、不喜欢什么、想什么、关注什么、和谁在一起、在哪儿、去哪儿、何时去、看什么、做什么……本来是那样的生动和丰富。

将消费者当人看，源自关心和爱心，而非洞察。这个思考角度，写在大数据、大营销具体阐述之前，始为"不谋于心者，不足以谋其大"。

大数据、大营销，还原消费者为"人"，还原营销为"生活"，实为"大"的本意。

在具体阐述大营销之前，我们先来看一下大数据，以及阿里的大数据。

大数据很火，而且已经火了一段时间了，但在腾讯的大数据峰会上，一位高管向与会嘉宾提问：可有大数据营销实效的成功案例？台下一片寂静。若真论数据之大，谷歌有之、百度有之，或者说很多媒体也有之。

然而对于营销而言，大数据的价值不仅仅是大，而是消费者"人"与"生活"的关联。阿里科学家薛贵荣提出，"大数据的核心在于建立数据之间的整合和关联分析"。买了某种饰品的用户，还买了什么？可以推知饰品真正的使用者和用途，明确品牌定位；用户喜欢什么，还喜欢什么？可以推知其真正的家庭状况和偏好，以探索用户需求；买了奶粉的妈妈，一年前如何开始关注、查询和判断？又在哪里、何时发生？以了解其购买前的全链路；哪个产品在哪个城市、哪个小区受欢迎？用的是电脑、iPad还是手机？当许多数据被关联和整合后，与此关联的一切被还原了，并可以数据、模型、产品、平台等形式展现及应用。这里将关联整合大数据的应用称为全息大数据。

大数据的关联和整合，是阿里大数据的独特之处。阿里陆续将可关联的"大数据源"整合起来：淘宝、天猫、支付宝、聚划算、淘点点、淘宝旅行……这些是阿里大数据的基础；高德导航、虾米、新浪微博、友盟、UC浏览器、快的、优酷……这些是各种功能的关联对接；宝洁、联想、AC尼尔森、电通……这些是无限的延展，并不断引入第一方（品牌客户）、第二方（代理商）、第三方（数据研究、开发）的数据，这便是阿里的数据黑洞。黑洞巨大的吸引力正是消费者的"人与生活"。

如图 3-2 所示，2014 年，阿里大数据在全网有超过 4 亿的活跃用户，远超过门户、搜索、视频等主要媒体。更重要的是，这些数据关联了从曝光、转化到销售的用户完整路径。门户和视频更侧重于曝光，搜索侧重于转化，阿里在电商十几年的用户网络

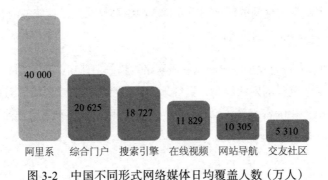

图 3-2　中国不同形式网络媒体日均覆盖人数（万人）

资料来源：艾瑞研究（2014）、阿里云梯

购物积累，可以帮助还原完整的用户行为路径，完成营销闭环。根据艾瑞的数据研究：2014年电商的媒体份额将超过多年来的搜索引擎，成为新的领袖，并保持每年超过30%的高速增长。

全息大数据开启大营销（Big Marketing）

　　基于阿里巴巴全息大数据整合和关联分析，还原消费者的"人与生活"，研究消费者在全网从关注到阿里巴巴平台的全链路，根据地理位置（三维）、时间节点（四维）的人群差异进行品牌、竞争、行业研究，建立品牌专属的消费者智能情境模式，从品牌研究、品效合一推广到全链路检测及优化的一体化需求，从1P（传播）发展到4P（涵盖产品、渠道、定价）全面帮助企业提升营销价值，并链接阿里妈妈达摩盘，完成消费者导向的研究、投放、监测的闭环营销。

　　关于全息大数据的关键点包括：全链路、地理空间、时光可逆（地理时间）、全网、跨屏。后面两个比较好理解，下面主要阐述前面三个。

全链路

　　全链路，即G-ALIBA消费者行为模式下的购买全链路。多年的网络购物经验已经使消费者逐渐了解、熟悉、习惯网络购物，这已经是他们生活的一个重要组成部分。大量数据和研究显示，用户"逛"网络是个显著的特征，就像传统的逛街一样。但是这里有更多的信息、对比、评论、搜索、询价、采购，消费者甚至随时随地参与企业的推广活动，他们的行为更具随机性、碎片化，以至于用原有的单链路的AIDMA（一种消费心理模式）和AISAS（一种消费者行为分析模型）很难准确地解释用户的行为链路。而这些大数据与全网的对接则更复杂。网络购物改变了传统的消费者行为模式，进而带来营销思维的改变和机会的增加。

　　G-Aliba消费者行为模型的核心是基于网络购物的消费者"逛"的特点，形成从看、挑、查、买、享全过程的网状结构，更好地还原消费者的真实状况，可以从任何一点到另一点，将碎片化的行为及接触点还原为全息映像，以模型呈现出来，如图3-3所示。该模型的应用在全网跨屏范围内。

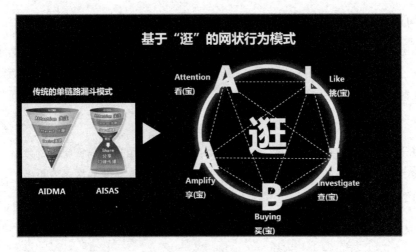

图 3-3   G-Aliba 消费者行为模型

G-Aliba 模型的应用对于营销的改变如下：

❏ 营销环境：从被动到主动——将改变原有营销因为缺乏精准的把握而"猜测和试错"

❏ 广告体验：从迫使到自然——广告和推广因为符合用户的特点和需求，更容易被认可

❏ 数据基础：从分散到全面——对于营销过程和结果的把控，相对轻松并可积累

❏ 投放模式：从片段到全链——可以进行更长期、更大范围的整合营销及品牌持续性传播

❏ 购买路径：从单一到灵活——对于碎片化营销可以更好地把握

地理空间

数据扩展到三维空间，通过准确地对接用户的收货地址数据，通过大数据寻找几线城市是主力市场，哪个产品在哪个大区、城市、区县受欢迎，甚至开专卖店应该选择靠近哪个商圈或者小区，哪个小区用户最为集中，哪几个公交车站的广告牌目标用户更为集中……在系统中，这些数据可以随时根据需求与其他的用户指标、竞争情况、产品型号等进行交叉分析。

时空可逆（地理时间）

数据进一步扩展到四维时空。如前文提到的场景：买了奶粉的妈妈，一年前如何开始关注、查询和判断；又在哪里、何时发生，以了解其购买前、中、后的全链路。这种数据的时光可逆性，更好地支持了全链路、全触点（全网媒体投放）及时间节点的研究。

基于阿里全网4亿用户的数据，进行品牌、竞争、用户、销售研究的分析，即全景洞察。阿里还在不断地与更多的数据源做整合，并结合品牌的需求做更多的应用场景和模型展现的探索。

一是地理分析——通过地图展示目标用户的分布（可精确到一公里），进行门店选址、线下招商、楼宇广告、户外广告投放研究；进行品牌、产品、渠道的推广，用于还原用户在生活空间中与品牌的关联。

二是交叉分析——进行消费者特征、产品型号、产品属性、购买特征等数据的交叉研究，用于还原用户与产品的多维度关联。

三是竞争网络——洞察不同品牌产品消费者属性之间的细微差异，明确竞争关系及定位，用于还原消费者在竞争网络中的关联。品牌主认为的竞争者，往往与用户真实购买过程中产生的竞争关系有差异，特别对于细分的产品来说更是如此。

四是趋势分析——展示各个品牌/商品型号的趋势变化，并且可进行各种维度的细分，来挖掘趋势变化背后的原因。

五是品牌转换——第一时间洞察不同品牌、属性间的细微差异，洞察市场切入点。

接下来根据品牌研究的需求提供几种可以参考的研究方法及模型：

1）G-Aliba消费者行为全网触点及行为全链路模型。通过大数据采集，锁定目标人群，根据其行为特征和消费过程，利用大数据时光可逆回溯到刚开始有购买意向、品牌对比、购买考虑及复购等全链路的关键时间节点、全网的消费者接触点（媒体渠道及页面）、决策过程等。

2）关注内容的语义模型。通过对全网用户关注的内容，包括网页文章关键字的抓取，来分析和判断用户的偏好和真实认知，关注内容的语义对比（帮助确定定位及未来诉求方向），展现其最重要的关注点，以及关注点之间的关联性、对品牌认知的影响。

3）品牌竞争定位模型。通过整合目标人群认知的品牌之间竞争的关联度及不同品牌之间的认知关键词的差异性，来进行品牌竞争定位的分析和研究。

如图 3-4 所示：品牌的竞争关系，是由所在的位置决定的，距离越近代表品牌竞争关系越强；产品的特点表示用户认为的该品牌的特点差异，之间的关系强弱由线段的长短和品牌的距离决定的，越靠近某个产品特点的品牌，具有这种特性的倾向性越明显。

4）还包括 CDI/BDI（品类发展指数 / 品牌发展指数）的品牌和产品的区域性竞争分析模型、媒体间用户路径及流向关系模型等，这里暂不详细阐述。

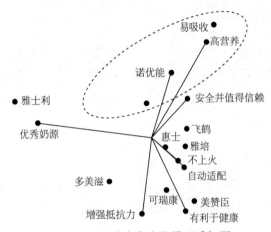

图 3-4　品牌竞争定位模型感知图

程序化购买（programmatic buy）前利用大数据进行品牌的研究，可以有效提升整体品牌的推广效率。这方面，阿里巴巴集团旗下的阿里妈妈走在了最前沿。它具体涵盖的品牌研究包括消费者、竞争、行业、定位、诉求方向等主题；通过整合阿里妈妈钻展、直通车、智无线、Tanx（互联网广告的营销平台）、外投外、视频等产品平台，将品牌分析结果直接连接入达摩盘 DMP（数字媒体播放器）投放系统，完成了程序化投放管理；正在深度开发淘宝指数的企业营销功能，与数据魔方一起为全链路检测和优化服务。通过以上的研究和创新，实现了品效合一，全面提升了客户品牌及营销效率。

以下四个行业报告和案例基于 Big Marketing 十维研究方法，并将结果导入阿里妈妈达摩盘进行投放，完成大数据营销落地。

营销的未来

十维研究方法：

全息用户（Big Person）全面用户特征，包括吃喝玩乐衣食住行，生动地还原TA。

全息位置（Big Place）数据扩展到三维空间，以用户经纬度坐标为原点，交叉分析地区差异。

时光可逆（Big Time）数据扩展到四维时空。基于全网倒退回去看购买全链路，从关注到转化的过程中，研究全网触点、全息内容及时间节点。

全息内容（Big Content）通过对全网用户关注内容，包括网页文章关键字的抓取，来分析和判断用户的偏好和真实认知，分析对品牌、竞争、产品、传播过程的认知和反馈。

全息行动（Big Action），即G-Aliba消费者行为模型下的购买全链路。基于网络购物消费者"逛"的特点，形成从看、挑、查、买、享全过程的网状结构，从任何一点到另一点，将碎片化的行为及接触点还原为全息映像，以模型呈现出来。

全息市场（Big Market）从消费者在消费过程中的真实形态和行为来掌握市场规模、趋势及竞争动态，包括区域竞争动态。

全息产品（Big Product）从消费者习惯和偏好的角度出发，了解行业产品的属性特征，并结合自身情况加以更新设定，包括功能、容量、设计、包装、诉求、定位及运输等。

全息定价（Big Price）结合消费者的具体情况，研究定价策略，促销方法和力度、边际点、促销组合、组合定价等。

全息触点（Big Media）结合时光可逆功能，研究用户不同关键节点的媒体接触点（Contact Point）、不同媒体渠道的效益、不同媒体之间用户流转的路径及关联。

全息指数（Big Index）从研究、投放到监测的全链路指数监测，让客户在平台系统中自助查看、更新及优化。

化妆品行业高端唇膏研究报告
——全新产品的目标消费者确定

背景：2015年1月28日，雅诗兰黛倾慕高端唇膏上市，此为全新产品，几乎没有用户数据可以直接分析。

目标：客户需要精准定位人群快速打开市场。

研究思路：

❏ 价格分布——高端唇膏的价格舒适区间
❏ 竞争格局——高端唇膏的竞争者
❏ 全息用户——分年龄段还原时空中的"她们"
❏ DNA 复制——扩展到（Looklike）新人群
❏ 用户图谱——用一定量的真实用户数据做验证

价格分布：通过分析全部唇膏产品的价格带分布，发现高端唇膏的主力区间是 220 ～ 290 元。

竞争格局：通过高端唇膏用户搜索量交叉购买人数，发现高端唇膏行业的品牌集中度非常高，主要的两个品牌占据行业绝大部分份额。

全息用户：针对高端口红的消费者，大数据还原消费者人与生活。

1）总特征：女生占绝对优势、偏年轻人群、主要为 18 ～ 24 岁的学生及 25 ～ 34 岁的白领、未婚居多、绝大多数人群每月有大量的网购花费、主要分布在大城市。

2）妆容：她们会用全套的彩妆，从粉底液、眼影、腮红到睫毛膏，甚至假睫毛、指甲彩妆……

3）穿戴（衣装、包包、饰品）：她们偏爱穿着皮草、皮衣、背心吊带、半身裙和时尚套装，喜欢 Coach 和 Michael Kors 包包、耳环甚至彩色隐形眼镜。

4）吃喝：她们喜欢方便面之类的速食，以韩国三养、八道等拉面和炸酱面居多；这一点和精油的用户偏爱在家中制作食品差异明显；她们喜欢洋酒——RIO、百加得、百利甜、马天尼和拉菲是最爱。

5）休闲玩乐：健身、美容、SPA、温泉洗浴、KTV。

6）住（房）行（车）：白领的她们住在城市中高端小区，学生的她们主要在大学，以上海、北京的白领和学生的住地具体对比；偏爱别克、奥迪、宝马、丰田、本田等主流国际品牌车。

7）养生：燕窝、阿胶、固元膏等滋补品。

8）旅行：喜欢国外旅行。

9）家居装修：花、香薰炉、烛台的美丽有情调的家居；采用全案装修、装修效果图。

DNA 复制：在九百类人群中（根据用户的特征、购物及生活特性将阿里系全部用户分为 900 类），经过用户的分析选出主要地区与高端唇膏匹配的 Top10 人群，及最近时间内购买过高端唇膏的用户进行交叉分析，进行阿里妈妈达摩盘投放。

用户图谱：用一定量的真实用户数据做验证，校验提取人群的准确度。

婴儿奶粉行业研究报告

——客户潜力分层

背景：达能旗下的诺优能在婴儿奶粉行业已占有很大的份额，面临用户增长如何获得新的突破，传播的力量放在哪里？

目标：客户潜力分层，找到更容易转化的潜在客户。

研究思路：

❑ 竞争图谱——分析市场格局
❑ 阶段散点——找到关键阶段，加强传播
❑ 品牌弦图——在关键阶段分析品牌间的流入流出
❑ 时光可逆——消费者关键孕期节点及差异
❑ 全息触点——用户全网媒体链路
❑ 用户分层——达能专属消费者智能情景模型

竞争图谱：根据搜索覆盖人数和销售覆盖人数两个维度交叉定位行业主要的婴儿奶粉品牌，目前的婴儿奶粉行业是一枝独秀，数据显示，有的品牌搜索量很高，但销售很低；有的则搜索量一般，但销售量很高，大多数品牌仍旧集中在搜索和销售均较小的状态。用户突破和力量应该放在哪里是每个品牌首要面对的问题。

阶段散点：根据主要婴儿奶粉的阶段，集中研究了 1 段奶粉，2 ~ 3 段奶粉，3 ~ 4 段奶粉的用户保有率分析，来找到不同品牌的各阶段关联。总体来看，2 ~ 3 阶段保有率较高，3 ～ 4 阶段较低。对于不同的奶粉品牌，各阶段的保有率差异较大。

品牌弦图：找到关键阶段后，针对性的分析该阶段品牌间的额流入和流出，即品牌间用户的转化对比，发现该阶段所有品牌均为负向流入到该行业中销量最大的品牌，其他品牌间的流动几乎持平。

时光可逆：时光倒退到怀孕初期，根据大数据的用户分析，将全部孕期用户用庞大数量的变量分成三个阶段，即孕早期、孕中期、孕晚期，如图 3-5 所示。她们在不同的阶段关注什么？和奶粉的关联从何时开始？何时买第一罐奶粉？

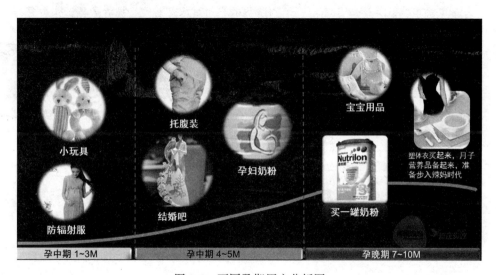

图 3-5　不同孕期用户分析图

孕早期：3 个月以下

1）买个防辐射服，宝宝需要呵护。

2）买点亲子装买点小玩具，对有宝宝的生活充满了美好的想象。

孕中期：4 到 6 个月

1）肚子变大了，需要买托腹装了。

2）孩子都有了，应该给我一个名份。我们结婚吧。

3）一个人要吃两个人的饭，需要营养，买点孕妇奶粉补补。

孕晚期：7 到 10 个月

1）很快就要和宝宝见面了，宝宝的生活起居用品都得备好。

2）万一奶水不够呢？得买点奶粉备着，饿谁都不能饿着宝宝。

3）塑体衣买起来，月子营养品备起来，准备步入辣妈时代。

了解了这些，我们可以针对不同孕期，分别用不同的诉求、内容和方法进行沟通，以提升传播的准确性。

全息触点：从关注婴儿奶粉开始到购买的全过程媒体触点，被大数据记录并还原出来，包括媒体之间的链路关系。通过拓扑图很容易发现，用户在购买奶粉过程中接触了哪些媒体，这些媒体的主要流向，最终主要是电商和搜索。

用户分层：根据孕妇和婴儿的不同阶段，确定不同品牌的主要发力阶段，同时与用户的全链路数据、关键节点数据及品牌产品关联数据来建立婴儿奶粉品牌专属的消费者智能情景模型，通过数据积累、投放和分析不断优化、生长，成为客户新的品牌资产。

基于阿里大数据庞大变量识别孕妇分期，此次投放集中在孕中期、孕晚期同时交叉品类、品牌搜索，并针对不同交叉结果，针对人群特点和品牌／产品匹配，制定多脚本投放策略。

投放结果：

如图 3-6 所示，对比了投放前和投放后，孕中期和孕晚期的用户增长率，发现原有品牌关联的中低人群比例明显降低（浅灰色表示负增长），而高和很高关联人群比例有所提升，特别是孕晚期提升更为明显（深灰色标识正增长）。

投放后，品牌关联度较低的人群转化为关联高的人群。

汽车行业国际品牌中级车研究报告

——换代新品之从老用户到新用户

背景：上海通用别克旗下全新英朗在 2015 年 3 月 2 日上市，这是一款诉求为"懂你"的车，需要快速准确找到并触达用户。

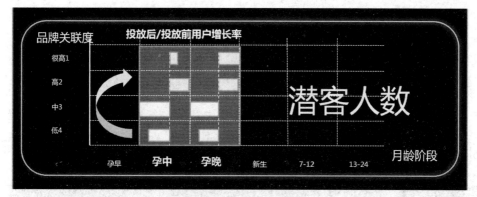

图 3-6　投放结果

目标：根据老用户找到新用户，区域差异与购车决策期各阶段交叉准确触达用户。

研究思路：

❑ 数据匹配——将现有车主数据与阿里数据进行匹配
❑ 用户特征——基本车主特征
❑ 地理位置——热点区域及特征差异
❑ 时光可逆——用户购车决策期确定
❑ 全息内容——中级车的决策期决策过程中品牌、产品、网站及关联内容

数据匹配：将过往近期购买的车主数据与阿里数据进行匹配，数据维度扩展至全网全链路。成功匹配度高达 80% 左右（所有的数据匹配均在阿里妈妈达摩盘中客户加密进行，确保用户数据高度安全）（此处为客户数据保密，以下分析以国际品牌中级车行业研究为准）。

用户特征：

女性车主数量庞大，不容忽视。35 岁以下消费者占绝大多数，其中 25 ~ 29 岁最多。单身用户占 3 成，恋爱/准备结婚用户近 2 成，已婚的用户过半。

地理位置：根据用户经纬度坐标分布在中国地图上打点，用户分布一目了然，重要的是所有的数据可以被放大（Zoom In）到其所在的小区、街道和周边热点地区分布。基于地理位置进一步识别不同地区的消费者特征差异，即与 900 类用户群体交叉，找到不同地区的主要用户群体特征（所有的用户群体特征基于用户的年龄、性别、家庭、职业、婚姻、区域、网购花费、偏好等综合属性），找到不同地区的 Top 人群。

时光可逆：国际品牌中级车用户购车决策期，根据全网数据，利用时光可逆，找到在用户购车前，从开始较为集中搜索、浏览相关汽车信息开始到买车的过程确定为购车的决策期。研究发现，该段时间为 60 天。接下来用全息内容，通过数据的聚类分析确定在 60 天决策期内的主要几个阶段，用户的变化和差异的比较。

全息内容：根据时光可逆得到，在全网范围内用户是 60 天决策期，根据其媒体触点的变化，关注品牌、产品和关联车行为分析，进一步分析决策期内的不同阶段，如图 3-7 所示。

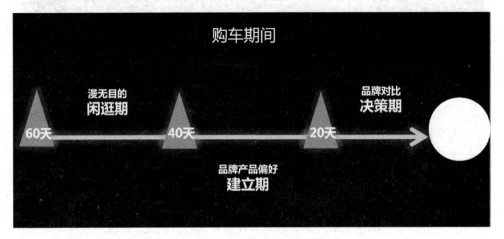

图 3-7　决策期的不同阶段

第一阶段：漫无目的闲逛期

购车前的 40 ～ 60 天，这个阶段用户主要关注汽车垂直媒体，集中在汽车之家、太平洋汽车等较大媒体，大量获取信息，逐渐熟悉；对品牌和产品还不了解，没有明确的方向和偏好。

这个阶段他们可能更关注太阳镜、苹果专用配件，以及孕中期为婴儿准备的玩具等。

第二阶段：品牌产品偏好建立期

购车前 20 ～ 40 天，这个阶段的用户除了汽车之家外，开始关注爱卡（网上用户的评价是更为专业的编辑及较少的广告干扰）；开始了解中级车的主要品牌，包括别克、东风、大众、日产等主流品牌；通过汽车论坛对产品的诉求和内容集中了解，此阶段是用户确定产品偏好的关键时期，良好的内容营销和产品诉求，将对用户起到重大的影响。同时，通过用户关注的大量的产品信息，可以进一步预测可能偏好的车品牌。

对比前一个阶段，他们开始购买汽车配件用品，主要用品类型集中在新车所需的装饰及保护垫等。

第三阶段：品牌对比决策期

购车前的 20 天，这个阶段用户经过了之前大量的信息储备和对比，已经对该级别车型和品牌有了很好的了解，他们会直接搜索车型号，并且有预设购买的产品和品牌，为了不后悔，他们在同级品牌中做了"最后的疯狂"对比，才下定决心购买偏好品牌。

这个阶段，他们开始大量购买汽车配件和用品，主要集中在饰品、清洗、美容保养等，"呵护"未来的新车。

根据主要老用户的销售区域（细分到城市）的该品牌 Top 用户群，交叉决策期内搜索并关注汽车相关获得投放用户群包，上传到阿里妈妈达摩盘进入客户后台系统投放。

投放结果：

❏ CTR 提升到 136%。
❏ 在更少花费情况下，下定金的客户 80.3% 来自于此案例定制人群。
❏ 投放后，人群搜索汽车关键字数量减少，而搜索别克、英朗等相关的关键字数量明显上升。

3C 笔记本电脑行业研究报告
——区域差异化 4Ps 营销

背景：联想某款笔记本电脑预计 2015 年新品发售，制定精准的区域差异化整合营销策略。

目标：找到主要区域及人群差异，并制定包括产品、渠道、价格、传播在内的整合营销策略。

研究思路：

❏ 主要人群识别——年龄、职业交叉发现主要用户群体
❏ 分人群的区域化——不同人群的区域差异
❏ 分人群的竞争研究——不同人群的竞争关联，CDI/BDI 分析

营销的未来

❏ 分人群关联产品研究——不同人群的关联产品偏好

❏ 区域 4Ps 营销策略——根据不同人群，客户营销 4Ps 策略建议

主要人群识别：以男性用户为主，通过用户年龄、职业交叉，发现笔记本主要的用户群体是学生、白领和蓝领。其中白领占四成，其次为蓝领和学生。

分人群的区域化：学生 18 ~ 24 岁，主要集中在 2、3 线城市；白领主要在 1、2、3 线城市；蓝领均有分布，主要集中在 3 线城市。

分人群的竞争研究：根据白领、学生、蓝领找到不同人群中相关竞争品牌及型号的差异，包括销量及竞争关联强弱（用户在购买某品牌过程中不同竞品的点击数）找到不同用户的竞争差异 (为保护客户品牌在此隐去具体竞争数据)。

分人群关联产品研究：根据不同人群的关联产品偏好，了解用户的特点及笔记本电脑属性的特点和产品真实需求。

学生：学习类及设计类软件较多，偏好网游，而白领和蓝领网游偏好度较低。

白领：通过分析软件及影音娱乐，白领的笔记本电脑需求和视频关联较高，并通过 HDMI 和 VGA 线外链到电视等设备播放；销售类、财务类软件较多，中小企业管理需求。

蓝领：工业设计制图及电脑相关工作 (组装、修理等)。

根据不同人群的 4Ps 策略建议：

产品策略：结合三类人群，在产品的包装、配置及促销等方面做针对学生、白领和蓝领的不同功能的调整。

价格策略：根据历史销售数据，根据不同人群找到价格舒适区间，并结合产品的新功能及促销调整，设定新的价格策略。

渠道策略：针对不同人群的网络习惯和偏好，制定新的接触点策略。

传播策略：针对不同人群，制定不同的诉求和广告传播内容，更精准满足客户的需求。

老板电器全息大数据营销（时光可逆）案例

分析老板电器现有用户数据，利用时光可逆功能，研究用户购买链路中的关键时间节点及关联购买分析。

发现用户在购买老板油烟机前，偏好购买：地漏、开关、角阀、电源、水槽等装修早期硬装阶段的所需产品，如图 3-8 所示。

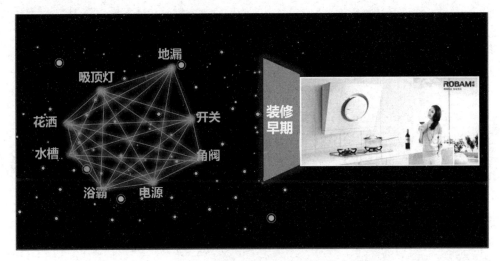

图 3-8　购买老板油烟机前用户偏好购买建模

用户年龄集中在 25 ～ 34 岁（占总体 80%）。

主要区域：广东、福建、江苏、山东、河北、浙江、上海、北京，特别是华东区 3 ～ 5 线城市。

根据用户数据及偏好购买建模，并利用现有用户数据进行反推验证，验证率达到 74.8%。

投放结果：

相比原有投放方式，老板品牌的购买用户成本大幅降低，只有原来的 41.2%。

（本文刊于《阿里商业评论·营销的未来》，2014 年 11 月）

今日头条：移动互联网时代的推荐引擎对广告主意味着什么

张利东：今日头条副总裁

我相信在很多有传统行业背景的广告主眼中，互联网是一个神奇的、让他们捉摸不透的世界。这并不是因为他们不愿意接受新鲜事物，而是因为这里的一切都在以让其他行业瞠目结舌的速度发展和演进着，即便是身处其中的从业者，很多人也只能是管中窥豹。

对于企业来说，移动互联网层出不穷的模式创新带来的结果，就是过去个人电脑时代他们所熟悉的广告投放策略变得不再适用，其中的原因显而易见，新的模式必然带来新的玩法。

不过，让许多广告主感到困惑的是，由于移动互联网上的广告生态尚未成熟，他们不知道如何选择靠谱的投放广告的平台。

在个人电脑时代，承载广告的是一个个网站；而在移动互联网时代，广告的载体变成了形态各异的 App。其中，有像微信这样的庞然大物；有天气、闹钟、日历等为代表的工具类应用；有各种媒体型产品，比如优酷、乐视等推出的各类视频应用，以及以今日头条为代表的资讯阅读应用等。

这些应用的共同特点就是拥有数千万甚至上亿规模的用户，是移动互联网上重要的流量入口，但是有流量和适合广告投放并不能画等号。

以微信为例，作为整个移动互联网行业的风向标，微信在商业化方面一直非常谨慎，虽然微信接入了打车、理财等诸多变现手段，但是对于有广告投放需求的企业来说，微信的价值依然很有限。作为一款通信应用，盲目引入广告很可能适得其反。试想一下，当微信的开屏界面不再是那个月亮下的小人，而是某个产品广告的时候，那将会是多么糟糕的用户体验。产品的调性在很大程度上决定了它的广告投放价值，广点通在微信上的不温不火就说明了这一点。

在展示广告方面，媒体型的应用则有着天然的优势，这其实是今日头条在2014年启动商业化以来的经验之谈。

先来简单介绍一下今日头条。作为一家为移动互联网而生的新锐公司，今日头条从老牌门户网站的资讯客户端中突围，用两年时间做到国内三大移动资讯客户端之一，拥有超过1.5亿用户。

今日头条之所以能够快速崛起，最关键的原因是今日头条为用户创造了一种全新的信息获取方式——按兴趣推荐。

其他资讯客户端大多还是依靠传统的人工编辑方式，靠编辑的手工甄选排列各类信息，用户使用这样的客户端实际上十分被动，编辑的喜好与判断决定着读者的趣味；而使用今日头条，没有编辑，是靠机器和算法判断用户的兴趣，智能推荐内容，用户获取的是个性化、真正感兴趣的内容，这些内容呈现出"流"的形式，随刷随有，新的内容像流水一样源源不断地送到用户的眼前，用户才是信息的主人。"你关心的，才是头条！"对于"头条"，我们有着自己的理解。

创新的信息服务背后实际上有着强大的技术支撑。这种按兴趣推荐的技术我们称为推荐引擎：根据用户的行为数据计算出用户的喜好与兴趣，并通过智能化的搜索引擎为用户匹配感兴趣的内容。

传统的搜索引擎需要依靠用户主动在搜索框中输入关键词进行兴趣表达，然后搜索引擎给出信息结果列表，供用户自行查找。而在移动互联网时代，由于显示屏幕以及操作界面的限制，主动输入并不能为用户创造更好的体验，于是推荐引擎便开始展现自己独特的价值。

很多人会把推荐和定制混为一谈，实际上两者有着巨大的区别，背后的技术理念也完全不同。推荐带来的是移动互联网时代人与信息的一种新关系，而定制还是旧时代的产物。定制还需要劳烦用户做很多操作，而个性化推荐，本质上不需要用户做出任何选择，因为用户每做一次选择都要思考一下，这个过程还是比较痛苦的。只有让用户更方便，才能体现出真正的个性化。

总之，基于移动互联网推荐引擎的出现，用户减少了寻找的成本，能快速得到自己想要的内容。由此，推荐引擎也为营销带来了广阔空间。广告同样可以采用按兴趣推荐，换句话说，广告在兴趣推荐引擎的作用下愈加精准，成为有价值的商业信息。

在今日头条上，广告以单条信息的方式出现在用户刷新的信息流中，这些广告看起来更像是一篇指导用户消费的文章或者是具有新闻价值的资讯，出现在信息流中不会破坏整个信息流的和谐性，也不会像个人电脑互联网上的广告那样突兀呈现，用户接受起来很自然，不会改变用户对产品使用的体验。这种广告在业内有一个称呼是"原生广告"（Native Ads）。

原生广告是 2012 年随着移动互联网的发展诞生的一个概念，虽然至今还没有一个明确的学术解释，不过一些特点已经在营销业界被广泛接受与推崇：原生广告带来了一种新的消费者体验，它是一种互动的广告，以消费者日常的使用习惯切入，毫无隔阂地成为消费者原有体验的一部分，不干扰、不突兀、有价值。

今日头条目前在商业上的一些做法可以说是真正的原生广告，已经有很多广告主与今日头条一起成了营销领域的创新者和尝鲜者，并获得非常好的效果与回报。

【案例 1】信息价值取决于用户

2013 年 12 月中旬，百度、小米、360 等互联网公司，集中发布了自身的无线路由器，一下子就将这个平淡的市场捧得火热，再加上获得投资的极路由和盛大旗下的果壳科技，路由器市场在这些巨头、新锐的参与下，瞬间已是硝烟弥漫。

2013 年 12 月 19 日，首批 500 台小米路由器公测版正式发售，并与拥有海量用户的移动资讯客户端"今日头条"进行联合首发，据小米公布的数据，预约人数超过了 60 万。

一向在营销上非常敏感的小米开辟了一条新型的用户渠道——为用户推荐信息的今日头条。小米为什么选择今日头条？小米在市场营销上对用户的变迁非常敏感，当时今日头条的总用户量是 7 000 万，可以说还是一片营销的处女地。同时，小米自身也观察到，随着智能手机的普及，用户的注意力越来越聚焦于手机平台上，具有海量用户群体与社区性质的客户端一跃成为新兴的市场营销宝地。而今日头条还有一大特点：按兴趣推荐，当用户对信息产生兴趣时，广告就不单纯的是广告，而是具有价值的信息。

举例来说，一条关于沃尔沃新款汽车的参数的信息，对不开车的人来说毫无价值，而对于喜欢车的人来说，再枯燥的参数也会看得津津有味。信息的价值取决于用户，所以当推荐引擎将两者通过兴趣进行匹配时，价值就得以最大化的体现。

有了新的数据与更精确的算法，今日头条的营销精准的价值就会得以充分体现，会理解更多的用户场景。比如：用户在机场候机时与上班途中想了解的信息是不同的，用户在周五晚上 9 点和周一晚上 9 点想了解的信息也是不同的，不同的场景会有不同的信息需求，这时基于大数据分析之后推送的更加个性化的广告就会收到更好的效果。

这也是手机在营销方面的优势：用户在使用手机的时候会比使用个人电脑时专注度更高，而能够吸引用户多少注意力本身就是营销需要追求的。

【案例 2】新数据创造新营销

今日头条还发现，在大数据的分析和用户的兴趣图谱下，推荐定位式的广告能够帮助本地商家找到销售的契机。也就是说，它能够直接推动用户进行消费。

2014 年 7 月 21 日，今日头条多个城市的用户在信息流中刷出了这样一条信息："正宗美国西北樱桃 0 元购，天天果园请你吃樱桃啦，全国包邮！"这是"天天果园"通过免费吃樱桃活动，推广其移动端 App。

"天天果园"是国内最大的水果电商，在全国范围内提供高品质鲜果产品和个性化鲜果服务。在移动端的拓展上，天天果园也是国内在水果生鲜领域最早做出尝试的。在推广 App 方面，天天果园选择了今日头条作为主要的推广平台与合作伙伴。

在推广方案上，今日头条为天天果园采取了多城市定向特定时段投放的方式，根据投放效果实时优化预算方案，最终转化的效果是天天果园预期的 3 倍，CPA（是按实际效果计价的广告方式）成本相较其原有预算也大幅下降。而从其活动最后的数据来看，原本预计 5 天内售完的总计 1 500 万颗、限量 30 万份的美国西北樱桃，在前 4 天就销售一空，最终成功售出 31 万份。天天果园"樱桃 0 元购活动"的成功不仅在生鲜电商行业内掀起了一场樱桃大战，更呈现出了移动端鲜果购买的巨大市场潜力。

众所周知，移动互联网的一大特点就是随时、随地、随身，接入网络万分方便，所以用户在任何时间、任何地点、任何场景下都有可能发生浏览、娱乐、购买等行为，这些新的行为就会产生新的数据。通过对这些新数据进行分析和计算，就能找到用户的兴趣点和行为规律，然后为之匹配更优质的服务。

通过天天果园这个案例，我们可以总结出：新的数据创造了新的营销方式。移动互联网是用新的设备获取了新的数据，这些新的数据产生了新的服务方式以满足既有的用户需求。今日头条的做法是在移动设备上获得新数据，用新的个性化推荐方式提高用户信息获取的效率。所以，通过地理位置定位、通过时间维度定时来进行商业信息的推送，其效率就会大幅提高，极大地为广告主节约广告预算，提升投资回报率。当然，最重要的是能够让用户产生消费行为。

（本文刊于《阿里商业评论·营销的未来》，2014 年 11 月）

互联网品牌时代到来

章燎原：安徽三只松鼠电子商务有限公司创始人兼 CEO

相对于传统零售，互联网的销售行为发生了极大的改变，今天的消费者可以通过淘宝、天猫等平台购物并评价商品，还可以通过微博、微信进行时时分享，这些分享又能让更多的人知晓，并影响其他人的购买决定，无意之中消费者的话语已经决定了企业兴衰。所以，我认为这将是一个以消费者为主导的时代。

在这个时代，品牌价值有两个核心因素：一是你拥有多少忠诚顾客，二是你能为顾客提供更多的附加价值。当一个培育认知型市场形成后，顾客的消费理性也在不断提高，企业将转型为品质型、服务型的品牌，谁在品牌上率先突围，谁将是胜利者！

互联网品牌塑造，要以消费者为中心

互联网时代，优秀的产品质量是基础，但不是核心竞争力。在每一个细节上都要超越用户的期望，创造让用户尖叫的服务，才能形成核心竞争力。

所谓的互联网思维，其实就是强调高度关注用户。互联网是一个虚拟的世界，人与人仅仅是靠着一根线相互连接，而这是一根很脆弱的线，需要电商用心去维护，需要极致的用户体验，这也是互联网品牌唯一且重要的机会。

传统品牌最终的销售点是货架，而由于货架的有限性，会形成局部垄断性与排他性，消费者往往找不到自己想要的产品，存在较多的被动性。而品牌形成的过程则是通过电视、报纸等传统媒体广告塑造一个品牌形象，然后顾客去商场找到这种产品。在这一过程中消费者接受品牌大多是被绑架、被灌输的。但互联网改变了这一切，消除了局部垄断性与排他性。由于互联网无限制的货架陈列，消费者可以在网络上选择成千上万的产品，并根据爱好选择其中任何想要的产品。正因为如此，品牌成了唯一让消费者选择的理由，同时消费者还可以与品牌对话，利用社会化媒体进行循环传播。

这也是互联网的一个最大变革，让信息能够极度对称，并具有即时的互动性。在这种变革下，像坚果这种同质化程度较高的产品，品牌就变得异常重要，那么互联网的品牌塑造方式应该是什么样呢？

首先，品牌需要更加个性化、人格化。因为互联网上所有沟通的载体都是为了让品牌与消费者可以进行无缝沟通，所以聊天、交易、物流、售后等所有环节，都要让品牌像一个人一样与消费者沟通，从而让消费者喜欢，产生共鸣。因此，三只松鼠实施品牌动漫化，并将其作为品牌建设的核心。过去启用"三只松鼠"这一名字并使用动画只是为了让品牌更容易被消费者记住，而现在还要抓住"萌"这一青年人喜欢的特点。我们把品牌动漫化覆盖到各个环节：网页与包装的设计要求动漫化，客服与微博、微信的沟通要把卖萌卖到极致，更加个性化地与消费者沟通，就连短信的通知与包裹、体验品上的文字都要做到个性化，全方位无死角地拉近品牌与消费者的距离，超越消费者的期望。

其次，互联网品牌不是看你对消费者说什么，而是看你和消费者说什么。品牌营销必须由以企业为中心的灌输模式，转变为以消费者为中心的互动模式。和消费者说话，成为品牌与用户之间的沟通方式；让消费者爽，成为商家经营产品的目的。三只松鼠品牌强化了品牌互动关系、拟人化的设计风格，时刻通过客服、微博、微信等互联网社交工具频繁地与消费者对话，瞬间让消费者与商家形成了对等的关系，品牌不再变得那么高高在上。比如，为了打造极致的网购体验，三只松鼠推出"松鼠客服秘籍"十二式，第一项就是"做一只讨人喜欢的松鼠"，将消费者和客服的关系演化成主人和宠物的关系。小松鼠和主人之间不再是商家与顾客之间的买卖关系，不再那么教条、空洞和生硬，而更多的是友好的互动，为彼此带来愉悦。其次，坚果产品的同质化程度较高，通过对用户体验细节加以关注，如赠送食用坚果的果壳袋、湿巾、小饰品等体验用品，让消费者感受到商家的态度、对用户的关注，通过这种感知的传递增强了与消费者关系的黏性。消费者感受到你的品牌的友好态度，就会自觉地分享你的品牌。互联网的品牌是全民代言的，而不再是听企业自己说什么。

互联网品牌营销必须以用户为出发点，让品牌与消费者成为朋友，这样才有可能通过互联网实现更好的销售。互联网让地球扁平化的同时，品牌的多样化也会淹没你的产品，而只有一种黏性关系才有可能被消费者记忆与选择。如果一个品牌能够利用互联网进入全国几亿消费者的心中，并通过极致的用户体验，让消费者主动通过微博、微信等进行分享，然后刺激更多新会员的加入，进而形成一个销售行为与品牌传播的闭环，就能在短时间内形成巨大的销售规模，形成真正的品牌垄断。这将意味着互联网品牌时代的来临。

互联网将加速品牌的建设

过去在淘宝上免费做推广的电商商家现在不乐意出钱做营销，而传统企业主更加不乐意在互联网上营销，因为他们心中永远都有一个投资回报率，他们认为在互联网上投资 2 万元的推广费用，结果只带来 4 万元的成交额，投资回报率为 1∶2，这种投入产出比对他们而言是不划算的。我不这么认为，过去做淘宝店，要把单品做到第一，靠日积月累需要两三年的时间，但现在有些推广资源一旦投放，两个月就能把产品做到前三。

做品牌必须要有长远的眼光，比如在淘宝做营销，如果只看重投资回报率，就会忽略营销可以带来更多的顾客、更多的搜索流量，从而提高自身的搜索排行。

对于三只松鼠这样的新兴品牌而言，互联网形式的推广可以缩短品牌运营的过程，营销推广将是我们打赢品牌崛起之战的关键所在。

我们是这样想，也是这样做的

为了实现在两个月内崛起的目标，三只松鼠首先选择了阿里妈妈的直通车渠道（利用淘宝搜索匹配，按点击付费的效果营销工具）进行投放。最初，我的员工说，每天只能投 500~600 元，我觉得这还不够。因为直通车对于我们来说就是一次推广投资，既然要投，就要以竞争对手都无法给出的价格，把产品展现在最佳位置，快速积累顾客。因此，最终我决定跨行业投直通车，一天必须投 2 000 ~ 3 000 元的推广费。

这样投放的效果非常明显，品牌曝光率大大增加，搜索流量和搜索排名都急剧攀升。

两个月后，我们发现，网购消费者对于营销资源位的留意时间通常不超过 1 秒钟，仅仅依靠直通车，并不能让消费者很好地认知三只松鼠。建立品牌的本质不是在和竞争对手竞争，而是在和消费者的头脑竞争。在能力相对有限的情况下，集中精力突破一点，更能引发消费者关注。

因此，我们开始投放阿里妈妈的另一种展现型互联网营销工具——钻石展位。我们确定了图片的三原则：松鼠、坚果、低价，并且只聚焦于喜欢登录淘宝首页的群体，只投放首页焦点图，而放弃其他投放，这样才能聚焦一点，突破消费者心智。

结果如何呢

一开始，我们投资回报率很低，眼看当月销售业绩远没有可能完成，但是就在当月的下半月，流量开始猛涨，销售额也开始倍增。最终，几乎是一夜之间，淘宝和天猫坚果类目的搜索结果里，三只松鼠都占据了前三的位置。

最终，我们依靠持续的钻展投放，超越了原来的坚果市场老大登顶类目第一，并且在当年关键的"双 11"大促中，依靠以消费者为中心的互联网营销策略，创造了单日 766 万元的销量纪录，位列全网食品类销量第一。

这一战，为三只松鼠未来的发展获取了更多的资源，人才、风险投资、社会媒体关注纷至沓来，我们打赢了建立品牌的奠基之战。

电子商务改造供应链

产品创新可以说是整个炒货行业的大难题。在坚果行业，产品创新最大的难点是原材料本身不具备太多创新的空间。但是我认为，从客户需求和营销概念建立客户认知的角度出发，不断针对产品做微调即可以称为创新。搞发明就必须带来颠覆性改变，这是对创新的误读。

在传统买卖中，消费者与商家无法直接就产品问题进行直接沟通，消费者没有办法向商家提出建议，商家自然不会改进产品品质。而互联网最大的优点在于拥有大量数据，从消费者沟通、交易到最后的评价都有详细的记录，这是企业宝贵的财富。若消费者提出建议，就可以通过互联网大数据进行及时的截取分析，将建议反馈给供应商，从而使产品品质得到实时改善。基于以上消费者分析，三只松鼠发明了主打产品"真好剥山核桃"，它的产品特点是壳更薄，去壳时压得更碎，手剥更容易。

顾客最终购买的是产品而不是品牌，在我们提倡细分品类品牌战略定位的时候，事实上一切是在为顾客考虑。一个好的品牌不但能够帮助顾客做出选择（品类代表），而且能够让顾客获得更多的超值享受（产品品质）。我们不能简单地把品牌战略放在品牌推广的层面，而是更多地聚焦资源，着重做好品类管理。

营销的未来

　　电商企业在完成品类品牌战略定位后，可以舍掉品类以外的产品，聚焦资源完善供应链管理。我们可以将工作重点逐步从流量层面部分转移到优化供应链管理上来，从生产、研发、品控的整合，以及提供更优质的产品入手。然后，再围绕所定位品类的产品特性，结合电子商务的特质，融入微创新的概念，提出区别于线下传统销售模式的电商品牌概念（比如坚果类销售可以提出"15天内生产"的概念，这是线下企业难以做到的），并形成一套完整的供应链管理体系。重点来推动二次、三次销售，获得更多的忠诚顾客，提升品牌产品的价值。

　　传统的供应链是从厂家生产出产品后，通过代理商、经销商将货物送至超市或专卖店以供消费者购买。这个链条比较长，产品到达消费者手上往往需要几个月之久，而且途中各项防护措施都很难做到位，而电子商务B2C的商业模式，完全实现了商家到消费者的直达模式。所以现在需要做的是改变这条传统的供应链，使它更高效、更迅速、品质更优秀。

　　以极致用户体验为出发点，实施细致化、信息化管理流程再造，建立起全程品质稳定性、服务确定性、工作跟进性的可追溯管理体系。

　　三只松鼠利用可追溯系统改造供应链，使之更高效、更稳定。消费者可以通过扫描二维码或追溯码，全面了解产品原材料产地、入库时间、原材料质检报告、水分感化指标、理化指标，检验员的检测报告、所加配料，甚至运输到三只松鼠分装工厂的具体车辆、检测中心工作人员、分装员、打包员、发货仓、接待客服、聊天记录等30多个点，让顾客充分感受到互联网带来的食品的快捷性、服务的优秀性、品质的安全透明性。想象一下：一位消费者通过手机订购松鼠家的新鲜水果，他能看见水果的果园，还可以实时了解当地的气候与环境，以及果农是如何采摘和包装，通过飞机空运到中国的各大松鼠物流仓，最后，在12小时内，主人在家收到了这款水果。这一过程，消费者是可参与的，而三只松鼠也基于此真正打造出简单、透明、值得信任的互联网公司。

（本文刊于《阿里商业评论·营销的未来》，2014年11月）

Part4

第四篇

互联网金融

从电子商务到互联网金融

宋斐：阿里研究院资深专家

2013 年以来，互联网金融领域的新技术、新应用、新模式、新公司、新观点层出不穷。本文试图从技术、商业、历史等较为宽泛的角度，检视和讨论它的由来、脉络与走向。

余额宝：全新的金融服务场景

抛却当前的概念之争，回到最基本的事实和案例：多年之后，人们会越发确信，所谓互联网金融，甚至于所谓"信息时代的新金融"，在发展初期的一个比较完整的样本，可能正是余额宝。作为一个新生事物，余额宝具有如下特点。

新环境：脱胎于电子商务、互联网经济与传统金融的融合环节。也就是说，有了淘宝，才有了支付宝，以及后来的余额宝。只从货币基金角度看待余额宝是不全面的。

新主体：全新的在线金融消费者。在余额宝一周年的大数据统计中，80 后和 90 后用户共占比 75% 以上，生于 1990 年的 24 岁宝粉人数最多，占 6.83%。

新规则：T+0、打通支付和理财功能。看似是规则和功能创新上的一小步，实则是向着"以客户为中心"迈出的一大步。

余额宝高度生活化、日常化，且有一定的社交属性。从余额宝转出的资金中，61% 用于购物消费，31% 用于信用卡还款，还有 8% 用于水电煤缴费。老百姓居家过日子，就是由这样的一件件小事所构成的。直到今天的网络时代，面对"上亿"的用户"低成本、高效率、高频次"地提供个性化服务才成为了现实。

余额宝的交易海量、小额、高频。截至 2014 年上半年，余额宝用户数 1.24 亿，资金规模 5 741.6 亿元。一年累计转入 4.96 亿次，累计消费和提现 8.1 亿次，平均每天发生 358 万笔交易。这些数据直接反映了社会经济的"毛细血管"里那些频密、高速、海量、细微的流动。

余额宝的客户也是用户。"客户"更多反映的是一种买卖关系，"用户"则更多地反映了互联网的特色。互联网的产品就是服务，典型的如搜索和邮箱。而且由于产消互动效率的极大提高，互联网服务商还可以与消费者实现深度的"产消合一"，比如搜索服务商根据用户搜索行为去改进搜索服务。在这种视角下，传统理财产品与"客户"之间是一种相对疏离、稀薄的关系，而"宝粉""压压惊"等词语，反映出余额宝与客户之间更接近一种频密互动的"用户"关系。

余额宝基于云计算和大数据。受制于传统 IT 架构的巨大成本，2013 年 9 月余额宝系统"被迫"上线阿里云。一个多月后即首次参加"双十一"大促，当天完成 1 679 万笔赎回、1 288 万笔申购的清算工作。在数据方面，余额宝拥有了百亿级以上的数据处理能力。余额宝资金流出预测系统会每天定时进行业务预测，平均预测命中率达 86%，最高达 97%。余额宝的技术实力，在今天还只是少数先行者的能力，但在不久的未来，云计算和大数据将成为所有金融服务商所需具备的基本能力和标准配置。

余额宝为金融消费者带来全新价值。不是"互联网红利"，也不是"切割存量"，一切都要回归到"与消费者共创全新价值"，这才是余额宝的生命力所在，比如便捷、生活化、低成本、跨时空……

2014 年年初，围绕余额宝的争议逐渐消退。现在，越来越多的金融从业者，都开始主动学习和接受关于互联网、云计算、大数据的新技术、新理念、新文化，甚至新语言体系、新思维方式、新世界图景，努力去理解互联网金融变迁的方向，视之为必然的趋势，并在新空间中追逐着新机会，寻找着新位置。这不是一种短期的现象，它同样是信息时代的"技术 – 经济范式"得以形成、扩展、"安装"的一部分。

历史逻辑：百年视野下的再审视

关于互联网金融兴起的原因，在宏观上可以看到数字化大潮席卷全球的威力；在中观上可以看到互联网已经改变了一个又一个行业，金融作为高度数字化的领域，对互联网具有天然敏感性；在微观上，一些互联网企业积累了大量数据并建立了风控体系，在金融服务中得到了验证，同时新一代在线金融消费者也已经逐渐成长起来。具体到中国的情境，还可以看到金融服务的供需结构不合理，存在金融压抑，小微企业和普通消费者的金融需求没有得到有效满足等问题，金融监管部门对互联网金融保持着肯定和宽容的态度。

从历史逻辑来看，实体经济的创新必然呼唤与之相应的金融服务体系的创新。20世纪初，以福特大生产为代表，工业时代的典型生产方式终于发育成熟。为适应大生产，消化掉流水线上源源而来的海量商品，在发达国家如美国，首先是商业体系发生了巨变：大生产＋大零售（海量商品需要渠道分销出去，如西尔斯和沃尔玛）＋大品牌（全国性媒体与现代广告，让品牌商品得以广泛流通于国内统一的大市场，如宝洁的象牙香皂、胜家缝纫机等）＋大物流 ＋ 大财团（大制造需要大财团融通大资金，如摩根）＋ 大管理（泰勒制等）。

之后，社会结构和国家的政策框架也发生了巨变。在社会结构中，富人群体数量有限且存在着消费的边际效应，以福特开出的 5 美元日薪为标志，实际上意味着普通劳动者逐渐演变为"有一定消费能力"的社会群体。比如信用卡，实际上是金融服务创新以便利人们去"超前消费"，还有媒体和广告主反复劝导着人们"过度消费、一次性消费"等。另外，"福利国家、社会保障体系"的不断完善，则可以让人们"敢消费"。

在国际范围内，全球市场不断拓展与深化，比如国际金融和贸易规则的调整，以及对原材料和消费市场的开发与争夺等。

工业时代的大金融，在根本上是为大企业、大制造服务的，普通居民和家庭，更多的是作为资金的供应方存在于这一体系之中。工业时代的金融体系要拓展服务，只能通过开设网点、现场调查等方式，成本高昂。因此，小微企业融资难、居民家庭不受重视，正是由于工业时代技术手段缺乏所导致的服务成本问题。

到了 20 世纪 70 年代，一个以钢筋水泥为外显景观、以线性机械控制为内在逻辑的工业文明，在一个又一个发达国家攀上了属于它的历史最高峰。1973 年，美国钢铁（工业时代的代表性要素）产量达到 13 680 万吨的历史最高纪录；在"能源"方面，20 世纪 70 年代的石油（工业时代的代表性能源）危机，标志着廉价石油的年代一去不复返，意味着这一能源越来越不可持续；在"信息"方面，英特尔、苹果、微软等推动 IT 普及的代表性企业，自 70 年代开始了实质性起步，但当时的 IT 产业还非常弱小，难以像工业时代的钢铁、石油、汽车一样成为支柱产业。从产消结构来看，发达国家的很多产业，在 70 年代都逐渐走向产消失衡，面临着供过于求的局面，生产结构和相应的消费结构亟待携手跃上一个新层次。

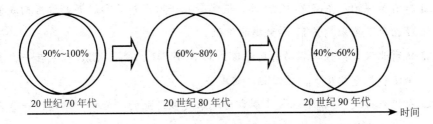

图 4-1　需求漂移：供给与需求间交集越来越小

资料来源：转引自《科学运营——打造以品牌为核心的快速供应链》

70 年代同样是金融领域非常重要的分水岭。当实体经济领域供过于求、社会分工和协作体系相互锁定，难以跃上一个新台阶时，金融领域的"大创新"开始了。70 年代之前，发达国家金融领域的情况是利率管制、汇率稳定、金融业分业发展，创新不多，但之后则出现了金融衍生品、金融自由化、金融工程大发展等一系列"创新"。直至后来逐渐出现了脱离实体经济的趋势，引发了全球金融动荡，比如 2008 年国际金融危机。

在管理学和更大范围的思想界，人们也认识到了时代的巨变。20 世纪六七十年代，美国管理学界就已经开始反思福特主义的不足。80 年代前后，形成了一波大规模的管理思想与管理实践的创新与推广浪潮。诸如准时制生产方式、全面质量管理、工作流以及标杆管理、业务流程再造等。但正如詹姆斯·钱皮所言："当今企业管理所涵盖的那些基础范畴的理论，已经没有太多可以创新的空间。"所谓后工业社会、后现代社会、信息社会、知识社会等语义繁复、不那么自信的判断，也开始被试探性地用于定义那个一切都还不甚明朗的转折年代的开始，直至 1980 年托夫勒《第三次浪潮》（The Third Wave）出版，才为思想界的争议做了一个也许不那么学术化，但却具备足够穿透力的总结。

当工业经济已经难以在原有体系内消化和解决自身的问题时，当信息时代已经实质性地到来时，仅仅改良和优化是远远不够的。

20 世纪 80 年代以来信息技术、信息产业、信息化、互联网化的故事众所周知。在实体经济领域，我们很容易就可以看到，技术革命已经带来了一整套"技术 – 经济范式"的跃迁，也即商业革命已经爆发，简要地看：

❑ 新基础设施：云计算、互联网、宽带等，正在被植入到社会经济的运行之中。
❑ 新投入要素：（大）数据。
❑ 新支柱产业：新兴的互联网业、被互联网彻底再造和融合新生的各个行业等。

❑ 新消费结构：不只是 3C 产品，汽车等几乎所有商品和服务的价格构成中已经包含了越来越多 IT 和数据的价值。

❑ 新商业模式：数据驱动着商业链条的不断"联、通"，C2B 模式在一次次的倒逼和脉冲效应下，已经越来越成型。

❑ 新组织模式："云＋端"已经成为越来越多产业的"原型"结构，一个又一个产业都是以此结构而组织协同起来的。

❑ 新文化认同：开放、协同、透明、分享，不再只与"品德"有关，它们已经是互联网时代的必备"品质"。

❑ 底层的中轴法则：个性化、分布式、柔微化等法则，正在一点点地挤占标准化、集中化、强连接等法则的空间。

❑ 世界图景：一个商业物种极大丰富、自组织化程度极大提升、以"网络"为其自我表征的商业新世界，开始一点点地挤占商业旧世界的空间。

再看一些具体生动但却非常重要的事实和数据：

❑ 交易扩张：据麦肯锡的测算，网络零售在中国直接催生了 39% 的增量扩张。

❑ 品类扩张：数亿件商品同时在线，消费者能够产生购买愿望、能够买到的商品也极大地扩展了。

❑ 结构优化：个性化消费的浪潮在互联网上蔚然成风。

综上所述，技术创新已经带来了实体经济领域的商业巨变，那么，与之相应的金融创新呢？或者，互联网时代提升金融服务能力的方向在哪里呢？谢平先生给出的答案非常精彩：金融危机发生后，全世界对金融的作用进行了深刻反思，总的看法是，金融应回归为实体经济和大多数人民服务的核心作用，为实体经济服务和为老百姓日常生活增加便利的基础金融产品最重要。

现实梳理：互联网金融的小生态

在互联网商业化以来约 20 年的时间里，所有人都感受到了一种来自未来对现在的承诺，所有人也都共享着一种不断扩散开来的乐观、向上的情绪，一如互联网金融被经常性地与"普惠、公平、以客户为中心"关联在一起。

但全球商业人士最感困惑的，恐怕还是如何理解和把握那个随时都在变化的"现在"。笔者在此梳理了业内专家的观点，试着整理呈现出一个较为全面的认知图景。

从底层法则来看，高红冰老师认为，要理解互联网金融，必须深入把握和理解互联网协议的法则和精神，诸如最少自治原则、尽力而为的服务模式、网络连接性、分散控制等。互联网精神向金融领域的渗透和再造，是理解互联网金融的基础。

从金融功能来看，吴晓求老师提出，互联网与金融在"资源配置、支付清算、风险管理（财富管理）和提供价格信息"上具有较高的耦合性。

从生态视角看，马蔚华先生提出："环境的变迁就是互联网的发达……由于科技改变生活，生活产生新的需求，而满足这种新需求的产品和服务就是物种……互联网金融的规则还在酝酿之中。"沿着马蔚华先生的视角，我们可以看到：

时间与空间发生极大改变。以余额宝为例，超过50%的互联网基金交易发生在金融机构工作时间以外，有将近20%的交易发生在零点至早上5点这一时间段。截至2013年年底，约40%的余额宝账户来自三四线城市。

全新的交易主体与交易结构。新技术对产业结构的影响往往体现为三种形态：催生全新产业、改造传统产业和淘汰落后产业。互联网金融领域里催生出了全新的玩家，诸如P2P（对等联网）、众筹等全新服务商，以及原有金融体系未能有效覆盖的小微企业、创业者和低收入人群等。相应地，原有的线性、链状交易结构，将逐渐沿着"链—网链—网"的方向去演化。

关于互联网金融未来的演化，中国支付清算协会常务副会长蔡洪波先生提出了一个非常值得参考的观察框架。他认为，互联网金融是否有自我成长和形成独立体系的能力，可从多个角度去观察：一是互联网金融能否形成相对明确、有业务边界的承载主体；二是互联网金融能否形成完整的产业链；三是互联网金融所依托的账户、征信等线上基础设施的完善程度，能否支撑互联网金融闭环服务等。

"技术－经济范式"视角下的互联网金融

首先看一下实体经济的互联网化。

从行业看，媒体、音乐、图书、制造、能源等都受到了互联网的影响；从价值链和商业环节看，先是营销（如雅虎、谷歌等），然后是零售（如淘宝等），继之以批发和制造、采购等环节；从供应链看，后向供应链的互联网化，较前向供应链更为彻底；从互联网化的方向看，这一进程是从零售到制造的反向传递与倒逼；从一整套体系看，在云计算、宽带的基础设施之上，"个性化营销＋柔性化生产＋社会化供应链"的体系已经显现出雏形。

互联网金融领域的互联网化也已经次第展开。由于互联网金融具有较强的技术驱动的属性，此"技术－经济范式"的分析逻辑可能较为有效。以此来对照，可以发现新金融范式的雏形大致如下：

❏ **基础设施**：云计算、互联网支付、大数据征信（如 ZestFinance 公司），将是未来金融业"技术和商业基础设施"的重要组成部分。阿里巴巴、蚂蚁金服的金融云业务已受到了很多金融机构的认可。2014 年"双 11"期间，支付宝最高峰每分钟支付 285 万笔，移动支付交易笔数达到 1.97 亿笔。第三方支付已成为中国现代支付体系的基础设施之一。

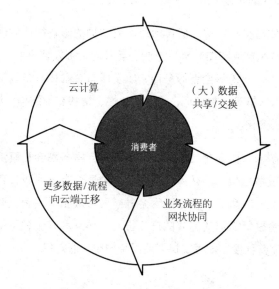

图 4-2　数据驱动流程示意图

❏ **投入要素**：大数据已被成功应用于网络借贷领域。典型的例子是利用大数据技术的阿里小贷。截至 2014 年 6 月底，阿里小贷已累计为 80 余万小微企业提供了贷款服务，放贷总额超过 2 000 亿元。

❏ **商业模式与组织模式**：以消费者为中心的商业模式成为可能。在组织方面，"云＋端"的组织结构可能将逐渐扩散到更广阔的金融领域，成为这一产业重要的组织准则。而组织化的过程，则是一个持续"联网"的过程，自单个企业内网，到供应链上下游的内网，最终演化为社会化的大联网、大协作。

❑ 文化融合：互联网文化与传统金融文化将不断融合创新。

未来值得期待

中国人民银行发布的《中国金融稳定报告（2014）》，充分肯定了互联网金融的价值，认为它：有助于发展普惠金融，弥补传统金融服务的不足；有利于引导民间金融走向规范化；满足电子商务需求，扩大社会消费；有助于降低成本，提升资金配置效率和金融服务质量；有助于促进金融产品创新，满足客户的多样化需求。

互联网金融的普惠价值的确非常显著。在手机支付中，拉萨以 14.48% 的手机支付占比成为全国手机支付占比最高的城市，第二名和第三名分别是西藏林芝地区以及四川小城南充。手机支付活跃度排名前 10 的城市中，有 7 个来自西部地区。咨询机构对互联网金融的社会经济价值做出了进一步的量化分析。波士顿咨询公司的研究发现，2013 年由互联网支付和移动支付带来的第三方支付节省行业成本达到 500 亿元。如果以同样方法推算至 2020 年，累计节省成本可能达到 1 万亿元。支付成本的节省，对实体经济、全社会都是巨大的价值创造，将极大地提升全社会支付的便利化程度。波士顿咨询公司的研究还发现，在 P2P、电商网贷等新兴融资渠道的驱动下，中国小微企业融资覆盖率有望从 2013 年的 11% 提升至 2020 年的 30% ~ 40%，这意味着大量目前未被覆盖的小微企业和个体工商户的融资需求可在未来几年获得满足。

互联网金融的发展，还是中国金融业提升国际竞争力的良好契机。中国互联网用户数已位居全球第一。在这样的土壤上，中国互联网的技术创新、模式创新、规则创新已部分引领了全球发展。中国在互联网金融领域，将有着同样的创新机会。

本文主要是从"工业时代－信息时代"的语境展开讨论的。在这个创新与混乱并存的巨变年代，在时间和空间、认知和旨趣都已经高度碎片化、解构化的今天，我们必须经常性地面对这些宏大命题。因为今天的互联网已足够壮大，它已能为所有的商业思考和商业行动，提供，同时也"规定着"最基础的语境，设置、调整着"议题、议程与日程"。全球约 1/3 的人口都拥有了网民身份，若此时抛却技术驱动的视角，离开时代转变的语境，任何商业思考和讨论都将是不完整的。

互联网金融的未来，值得我们所有人期待！

（本文刊于《阿里商业评论·互联网金融》，2015 年 1 月）

从余额宝的前世今生看互联网金融的发展

祖国明：蚂蚁金融服务集团理财事业部总监

很多人都想知道阿里巴巴当初为什么要做余额宝这个业务，其实这跟当时支付宝做的业务线有很大关系，因为支付宝最开始是属于淘宝的部门，为淘宝网提供支付业务，做了几个月后独立出来变成一个公司。支付宝之所以快速发展，源于当初最大的创意——交易担保。当时消费者在 eBay（全球最大的国际贸易电商平台）的付款上有一些障碍，同时淘宝网这种 C2C 的交易也天然地存在一种不安全感，中国的信任体系还没建立起来，即我买东西没见到货不会付你钱，你没付钱商家也不会给你发货。支付宝恰好在其中承担了担保角色，即在 7 天之内，如果买家没有确认到货，这笔钱会一直在公共账号内，只有买家确认收货，卖家也确认这笔交易以后，这笔钱才会正常流转下去。这种担保交易使整个淘宝的业务快速发展起来，买卖双方至少在资金上能有一个信任的第三方机构提供服务。所以，在陆陆续续为淘宝提供支付业务的同时，支付宝开拓了更多其他领域，比如给很多机构提供代发代扣业务，把淘宝的业务推动到各个平台，比如当当、大众点评等都可以采用支付宝这个渠道进行支付。

2011 年，淘宝开始有了淘宝保险，消费者可以在上面买保险买车险。2012 年，淘宝想做理财，那时的计划就是以开店的形式引进银行和基金公司，使其在淘宝能够卖理财产品。当时的设想是在淘宝建一条网上金融街，让大家在购物消费的同时，也能在淘宝内部实现消费者在普通银行可以办理的业务。在这个前提下，我们扩大了支付宝的支付范围。

另外就是支付宝中的快捷支付，这也是支付宝最开始推出的。从 2011 年推出快捷支付，短短一两年就拥有几亿用户，而且几乎所有的第三方支付，包括银行本身，也在通过快捷支付的方式为用户提供便利的支付手段。

一家互联网公司要去做与金融相关的业务，其实面临很多的困难。因为无论证券公司还是基金公司，都是监管机构负责的，第三方机构只是一个服务机构，支付宝在需要跟监管部门沟通时就请有需求的这一方，比如说基金公司，找证监会相关部门沟通。支付宝跟国内排名前10的金融公司进行过一些交流，每家公司都有各自的诉求，因而合作方式也不一样。这些金融公司在跟支付宝的沟通过程中也加深了对第三方支付、风险管控、用户习惯的了解，认识到第三方支付和快捷支付对其业务的重要性，以及该如何平衡便利与安全之间的关系。

监管部门关心的是如何保护投资人利益，就是说，如果有人投资了，发生账户被盗怎么办。其实支付宝从一开始就把用户的安全风险放在第一位。

在诸多合作方案中，天弘基金公司是如何最终跟支付宝达成合作的呢？这个过程其实很简单，因为负责天弘电子商务的周晓明和我10年前就认识。我当时在和讯网负责财经广告业务，希望天弘公司在上面投广告，我们俩就是那时候认识的，后来成为很好的朋友。

后来，在我决定进入淘宝开展基金理财通道时，我跟他有过沟通。我跟他提过当时的设想和淘宝当时的用户数据，也跟他提了提余额宝，想知道我们之间到底有什么方式可以合作，能够既满足监管机构要求，又符合用户的需求。在余额宝出现之前，支付宝用户的账号余额是没有利息的，这是受央行关于第三方支付公司业务的规定所限，就是不能够计息，否则第三方就变成银行了，而只有银行能够给利息。同时，随着支付宝业务的不断增加，备付金沉淀，在做余额宝之前，支付宝的备付金规模日渐庞大。这么大的资金量放在第三方支付公司的账号，监管机构也比较关注。我们也希望找到其他的方式能够把备付金的规模控制住，让个人账户的余额既能分流，又有收益。在这种情况下，天弘提出可以考虑货币基金，让备付金既有很好的增值效果，同时因为T+0还会在流动性上给予一定的保证。

以上就是余额宝的前世。

后续我们总结出几点，互联网创新也好，互联网的金融思维也好，最终还是要从用户的需求出发。支付宝和天弘沟通的时候，天弘没有考虑支付宝的规模，支付宝也没考虑会有多少收入。双方考虑的是针对用户这种账户余额不能增值的现状，能不能提供很好的增值服务，这就是我们的初衷。所有东西都围绕这个点去做，包括余额宝整个的开放过程和用户体验设计，绝对是以用户为中心。所以说，用户需求和用户体验，是互联网公司最基本的原则之一。

互联网金融

支付宝通过余额宝解决了 3 个问题：第一是小额理财。支付宝的用户其实是非常草根的群体，我们做过调查，90% 的人都没有理财的概念，从来没有接触过基金、银行理财这些业务。但在余额宝推出之后大概 3 天（2013 年 6 月 13 号余额宝正式上线，6 月 17 号召开了新闻发布会），用户数从 0 增加到了 25 万，并且是在没有任何宣传的情况下。第二是余额增值服务。余额宝推出时，正好市场上的资金非常紧张，银行也需要大量的资金提供这种支持，所以说在那个时间段余额宝的年化收益率从 6% 提高到 6.9%，给大家带来的感觉就是收益特别高。第三是用户黏性。大家每天都看余额宝的收益情况，外面的说法是一天的收益能买几个包子或几根油条解决一天的早饭问题。我们内部观察，手机钱包每天的峰值出现在早晨 7 点半到 8 点，后来发现那一部分峰值基本上都是大家查看余额宝收益带来的，就是每天早上大家一睁眼先看收益到没到账。所以说给支付宝用户带来的体验和黏性是通过余额宝这个产品体现出来的。

余额宝还面临很多问题，有舆论方面的，也有技术方面的。舆论方面有一个"叫停门"。当时证监会在一个新闻发布会上提到余额宝时，其中 95% 的篇幅是支持余额宝创新的，只有 5% 提到了余额宝现在还有哪些问题没有解决，希望支付宝和天弘能一起完善一下流程。但是媒体没有报道 95% 的部分，只报了 5% 那部分，而且是以央视快讯的方式直接在 CCTV 新闻频道播出的，说余额宝或被证监会叫停，这是当时最大的舆论压力。2013 年 6 月 17 日，在余额宝的新闻发布会结束后的晚上 7 点，《新闻联播》报道了支付宝和天弘基金正式推出余额宝的消息。对一个基金公司来讲，能够上《新闻联播》是很难得的。所以说前后两次报道对比反差很大，一个是负面消息，一个是正面报道。

从技术角度看，余额宝也面临很大的问题。在上线一个月后，当时的用户数量接近 1 000 万。1 000 万是什么概念呢？就是说每天晚上 12 点做清算，要做七八个小时。那时余额宝的收益情况到早上 9 点甚至 10 点还出不来结果，然后就告知用户说"技术问题，正在升级"，可能要到下午一两点才能显示收益情况。那是在余额宝现有的技术体系内遇到的一个瓶颈，就是说原有的天弘系统支撑不了 1 000 万用户和每日交易的刷新，因为他们用的是传统的 IOE ⊖设备和集中式的系统。当时马上面临阿里巴巴最重要的一个业务点："双 11"天猫大促，这是我们必保的一项业务，同时余额宝里有那么多的资金，到时肯定会有很多用户用它来支付。当时我们定的指标是 3 000 万 ~4 000 万用户，如果现在连 1 000 万用户都支撑不了，怎么支撑"双 11"这项业务？ 2013

⊖　IOE，分别指 IBM（国际商业机器公司）、Oracle（甲骨文）和 EMC（易安信），三者分别是小型机、数据库和高端存储的领导厂商。——编者注

年 8 月，双方做了一个决定，即余额宝要上阿里云，所有的技术都要重新按阿里云的架构和技术要求来做。

对于一个基金公司来说，把整个直销系统搬到云上，还从来没有过。天弘和阿里的工程技术人员利用 3 个月的时间，在阿里云的云服务上打造了另外一个天弘的系统，展现了精湛的技术实力。"双 11"当天，余额宝完成了 1 690 万笔交易，支付资金高达 61 亿元。尤其是在刚开始的半个小时，余额宝几乎承担了峰值最高点的交易量，经受住了考验。现在余额宝有 1 亿多用户，而清算时间只需 30~40 分钟，效率已不可同日而语。

余额宝还引发了社会对互联网金融概念的思考。在此之前，很多工作其实都与互联网金融有关，比如支付宝、P2P 和众筹等，但是真正引起用户和监管部门大范围关注的就是余额宝。余额宝，对整个金融行业确实是一次震动，很多金融机构推出了各类的"宝"。

但余额宝跟这些"宝"有天壤之别，区别就在于支付宝对余额宝的定位是一个与各种消费产品相结合的现金管理工具，而不是一个理财工具或理财产品，而各种"宝"更多的还是用于购买货币基金等，只不过它购买的通道和形式，比你在原有的基金公司官网或者银行的渠道更互联网化了一些。但是从应用来讲，余额宝最大的成功就在于它丰富了产品应用，我们把所有天猫的支付、淘宝的支付都通过余额宝来对接。同时，现在对支付宝来讲，其实余额宝已经变成了一个平台。集团内部有任何创新想用余额宝的，都可以把余额宝这种服务与它的应用场景结合起来。比如，余额宝跟淘宝彩票推出了一个叫"永不停彩"的项目，就是用用户的收益，给余额宝的收益设定一个值，达到这个收益以后自动给用户买两注，叫小收益；但是买彩票的同时还有公益性，"小收益，公益心，成就一个大梦想"，大梦想就是中 500 万。这就是一个应用，余额宝现在已经变成一个应用平台。

以后大家可能会看到很多这方面的服务，包括天猫的买奶粉、周期购，你可以通过余额宝支付；淘宝旅行，跟某个旅行社设定一个旅行计划也可以用余额宝来支付，而且余额宝并不是当时就把钱划走了，不但有收益，还有增值的收益，只有在你真正使用的时候这部分资金才能够从余额宝账户里划走。所有这些都会给用户带来很多的变化。这就是互联网公司的生命点——非常关注用户点和客户价值。如果余额宝的用户体验不好，也不会有如此爆发性的增长。

支付宝到现在已经 10 年了，非常感谢支付宝用户对支付宝的忠诚和信任。余额宝推出以后，很多人并不知道它是干什么的，只知道它是支付宝衍生出来的业务。我们调查之初，很多用户并不知道货币基金是怎么回事，只是因为余额宝这种服务给他们带来了增值，所以他们就信任它。其实这是背后的支付宝提供了信用。因为消费者这么多年使用支付宝，只要支付宝推出来一项服务消费者就信任，就愿意使用，这是最重要的一点，这让支付宝觉得特别欣慰。

（本文刊于《阿里商业评论·互联网金融》，2015 年 1 月）

支付宝互联网账户安全实践

曹恺：蚂蚁金融服务集团资深总监

无可否认，系统的效率往往取决于机制和技术，机制和技术的进步则会带来效率的提升。在很多时候，机制和技术本身不是孤立的，技术的进步往往会带来机制的变革，而机制的变革又会推动技术的进步。我们在一个大的互联网安全系统当中，在安全效率和效果当中，不断地推动支付宝的互联网账户安全的进步和平衡，其中有技术的部分，也有机制的部分。

我们从支付宝的应用推广中发现，账户安全涉及端、管、云整个体系，很难单纯地从端解决账户安全的问题。云的环节、云和端之间、管道的传输中也存在安全问题，需要我们不断地解决和管理安全的风险点。另外，在端、管、云的基础上可以补充一个生态的概念，在支付宝的安全实践中，我们发现生态的安全已经开始对互联网账户造成威胁。比如，现在存在大量的"网络拖库"现象——对于不同的互联网账户，比如游戏账户和互联网金融账户，用户可能使用相同的账号和密码。这样，当别的账号密码库存在安全问题造成信息泄露的时候，可能会影响支付宝的账号安全，这就是生态问题。再如，线下生活当中见到的电信欺诈案件开始转移到互联网的环境中，犯罪分子开始以网络为依托实施诈骗。在这样的案件中，用户把所有基于信息的安全手段（不管是密码、数字证书还是其他的交易保障）都暴露给犯罪分子，并在被欺骗的前提下配合犯罪分子完成了整个盗用过程。这些都是网络安全生态新形势下互联网账户面对的威胁。因此，在安全中除了要考虑端、管、云的体系之外，也要考虑生态安全恶化带来的威胁，保障生态安全是我们需要思考的课题。

支付宝账户安全体系理念和实践

从安全的角度出发，我们一直认为支付宝最核心的能力不是有余额宝，不是有很多第三方支付的产品，也不是有淘宝的海量交易，而是我们能够控制账户可能会遇到的风险。我们估算，支付宝的账户安全体系保障资金有可能达到近万亿（余额宝现有资金5 000亿元，还有大量的和支付宝账户绑定的银行账户以及用户沉淀在支付宝账户中的资金）。由此看来，整个支付宝安全体系需要保护的资金量非常大，所以账户安全一直是支付宝要解决的重要问题。

个人认为，账户安全包括两部分：一是很多传统的技术和思想关注的账户的基础安全；二是如何利用互联网大数据以及智能化的方式和思想去管理风险。早期的安全理念偏重于入口的认证。比如，怎样去设置一些物理的介质标识或是保护用户的身份和账户，怎样通过一些指定的客户端、卡片或者日常的对介质的管理设置准入门槛来保护身份安全，同时在入口端做控制，即根据入口控制。这是最早的计算机等级保护思想的延伸，这种安全思路对网络银行的发展起到很大的推动作用。然而，这种基于入口控制的传统账户安全体系思想在现有的体系下越来越不适用。移动互联网实现以后，由于用户基于介质的、传统的方式使用起来不够便利，可能会变得阻碍交易的进行。而与此同时，商户等主体获取用户的成本越来越高。据不完全统计，一个B2C的商户获取新用户的成本为200~300元。所以支付宝账户安全体系需要平衡这种安全的效率和效果，在保障效率的同时达到安全的高强度效果；需要强调综合的安全风险管理，而不仅仅是入口的管理；需要弱化传统介质保障，通过数字化手段（包括可信的体系保障以及数字安全加密的一些机制）增强安全性；需要强调安全与企业业务并重，满足企业对业务安全的诉求；也要强调通过云和端的协同，强化安全管理。

支付宝这一套安全体系背后的逻辑是：不管是早期的支付宝还是现在的蚂蚁金服，我们希望主动承担一些小风险，并通过互联网的思想和技术全面管理风险，把最终的风险收益和业务的便利带给用户和商户；我们希望在整个支付宝的平台体系当中乃至整个社会，大幅降低交易成本，提升用户体验。

保证互联网账户安全需要满足两个层面的诉求，我们也可以推而广之把它应用于社会或者公共安全等方面。一是安全效果，即安全度，它回答的实际上是是否安全的问题。二是安全感，即用户对安全的感知，它来自用户体验层面。如果只有安全效果没有安全感知，那就没有人敢进行正常的交易活动。安全度要求我们满足三个核心的诉求：第一是提升防御能力、减少短板。黑客、盗用或者威胁都会找短板突破，一旦出现短板，其他部分做得再好都无济于事。第二是快速响应和灵活管控的能力。威胁越来越多地来自生态或者系统内生风险，快速、灵活的管控能第一时间截住危险，从而降低风险造成的损失。第三是提高攻击成本、降低攻击损失。从经济学的角度，成本收益是一切经济活动的原动力，欺诈与盗用活动也是如此。只有当付出的成本小于收益时，人们才会有行动的动机。如同《刑法》对于犯罪的惩处在社会和公共安全中起到的作用，对于账户安全的威胁，我们要做的是减小犯罪的收益、增大惩罚的力度。

支付宝的安全体系是多层次的闭环式安全体系。我们把一个用户的正常业务过程按照不同的安全层次或者风险控制的场景进行多层次的控制，形成一个闭环的反馈体系。第一个层面是终端和系统的用户保护体系。用户在网站和手机上进行交易的时候，我们会通过端层面的一些控制保障环境安全。同时，我们在网站上有一个系统安全的保护层，用于检测危险、解决外部的攻击和威胁。据不完全统计，支付宝网站每天可以检测到并解决的威胁多达几十万次，可见网络生态已经严重恶化。第二个层面是身份认证，即在账户登录时识别、匹配用户的身份。我们通过认证和管理体系，利用大数据等技术手段来完成对用户的身份识别。第三个层面是风险识别。在此过程中，支付宝会在后端帮助用户做操作和交易行为的风险识别与评估。对于那些比较敏感的业务操作，比如说输入密码、修改密码、支付密码，支付宝有一套风险识别和风险控制体系进行分析。第四个层面是风险控制环节。一旦在识别过程中发现风险就会进入风险控制环节。支付宝会根据不同的风险程度控制交易的额度，做出权限和交易灵活度的限制。

针对风险性较高的交易，我们有一个核查和分析的环节。支付宝吸取了非常多的公安分析案件的经验，能够根据大量的数据、场景和分析对用户进行核实。如果构成案件，我们会做出补偿并做深度的核查，找出潜在的风险；如果不构成案件，我们会做出反馈并不断地调整策略，避免打扰用户。最后，用户的损失风险由支付宝来承担，让用户无忧。

除了刚才的技术体系、风险的管控和账户安全的基础体系之外，我们还有一个机制上的保障——全流程的安全与风险控制体系。很多风险不仅仅来自技术、密码的窃取，也不仅仅来自用户不安全的习惯，而是来自内部的操作和运营。通过研发、运营、监控、运维等环节中全流程的安全策略和风险控制机制，我们可以有效解决风险的问题。另外，支付宝也建立了一支蓝军团队，通过模拟盗用者的行为以及基于蓝军和红军的攻防互动来提高我们的安全能力。

支付宝的风控体系发展了 10 年。到 2013 年，这套实时风控体系进入到第 4 个版本，因此，我们把目前正在使用的这个安全体系叫作第四代安全技术架构。

第四代安全技术架构致力于提高面向未来的账户的技术安全能力，它具有以下特点：第一，采用大量云计算技术，不仅仅靠支付宝单点布防，还在生态层面全面布控。第二，海量的实时数据计算和服务能力。云计算能力是互联网上数据处理能力的一个典型表现，它使在单一系统中难以完成的海量实时计算成为可能，并能够在更短的时间里发现和处理更多的复杂数据。第三，大数据驱动的个性化和自动化的风险管理与运营，用数据做运营和预测。第四，尽早发现风险的征兆，快速识别、预警和布防。第五，充分利用移动互联网端的作用，强化端在风控体系中的识别和布控作用。第六，基于生物特征的认证。由于技术的进步，人的指纹、脸部、掌纹，甚至是签字、敲击键盘的习惯都可能被分析，从而能够用来更好地保护我们的账户安全。最后，它能够有效整合业务安全、系统安全、应用安全、信息安全以及风险控制等多种能力，构建一个多层次的有机安全体系去保障账户的安全。经过不断的实践和改进，现在支付宝由于风险造成的损失率低于百万分之五。

支付宝账户安全体系建设的思考

在支付宝安全体系的建设过程中，我们遇到了一些问题和挑战，需要行业共同面对。第一是不断恶化的网络安全生态给互联网账户安全造成的威胁。在别的网站被拖库以后，支付宝可能就要遭受威胁。虽然我们能够实时检测和捕捉这种行为，但这种状况是行业共同的风险。第二是部分传统犯罪模式开始向网络转移。第一类情形是犯罪分子骗取用户的支付宝密码和短信交易码，或者直接将用户账户里的资金骗走，这类行为严重威胁到了账户安全。第二类情形是网络上出现的"黑社会"。例如，"恶意差评师"是通过恶意差评敲诈勒索商户，其性质无异于"收保护费"。第三类情形是恶意抢拍。一些竞争对手或者别有用心的人，会把商户进行闪购的商品抢拍下来却不确认收货或者填写假地址，干扰商户的经营，以此来敲诈商户。第四是互联网模式下的分工协作使得网络犯罪门槛降低并催生黑色产业链。有这样一个案例，一对开手扶拖拉机的农村夫妇听说网上来钱快，就到论坛和社区买了一些打电话骗人的剧本和电话号码。他们每半个月换一个剧本，每个月诈骗收入一万多元，甚至超过了原来开拖拉机的收入。半年之后，他们因实施诈骗被捕。由于他们从网上学到这些歪门邪道的门槛很低，才有了这样的悲剧。互联网模式下的产业链分工精细、效率很高。互联网在改变传统行业的同时也在改变黑色产业。第五是对于网络环境下的数字化犯罪，打击与取证采信越来越困难。网络犯罪的侦破成本很高，网络犯罪没有任何时间、地点、人的限制，并且门槛很低，而警力有限。现在支付宝一天的交易超过 7 000 万，即使是百万分之一的概率也会有几十个案件。虽然警方内部有自己的案件侦破机制，但是解决的毕竟是线下的问题。支付宝基于大数据形成了一整套用户轨迹，可以非常方便地进行犯罪分子作案轨迹的实时记录和取证。但是目前没有标准指明我们掌握的证据能否被公安机关采信，这会让立案变得困难。第六是现有法律体系下针对电子商务和创新型互联网金融企业的业务安全保护、犯罪打击和量刑缺乏标准。现在，针对互联网金融企业的犯罪可能就是按照一般犯罪的标准量刑定罪，而不是按照针对金融企业的犯罪来量刑定罪，难以达到有效震慑犯罪分子的目的。怎样提升犯罪成本，对犯罪进行严厉打击是需要思考的一个问题。

我们的建议

经过不断的努力，目前支付宝的被盗资金损失率已经低于百万分之五，移动支付的损失率更低。相应地，在这样的风险控制水平下用户被打扰的概率也非常低，小于1%。无可否认的是，由于晕轮效应的作用，个别案例给广大用户造成一定的担忧，这些负面声音也在引发大众对于互联网账户安全的质疑。支付宝做过不少用户调研，虽然已经实施了很多年的用户损失赔付保障，但仍有人认为对支付宝安全性不太放心的主要原因在于"支付宝没有柜台，如果出现问题没有地方申诉"。可见中国的用户是缺乏安全感的，也不清楚如何合理合法地获得安全保障。不管是传统金融还是互联网金融，我认为整个产业对用户的保障还不够，以至于用户仍有安全方面的顾虑。支付宝对互联网的资金损失做全额赔付，这一做法应该逐渐成为行业标准，让中国的普通消费者使用互联网账户时更有安全感，这是我们要继续努力的方向。

（本文刊于《阿里商业评论·互联网金融》，2015 年 1 月）

金融、互联网金融和大数据金融

所谓金融，就是跨时空的一种价值交换。具体而言，它主要包含三个问题。第一个问题：谁是交换的主体？古代养儿防老，就是一种跨时空的价值交换，主体就是老人和孩子。第二个问题：交换什么价值？现在花钱养孩子，未来孩子会养老人，这是一种交换价值。第三个问题：怎么进行交换？可能有不同的交换手段。

现在"互联网金融"的概念炒得很热。它对以上这三个问题有不同的解答。交换主体方面，互联网金融非常看重长尾人群。传统金融服务于高富帅、白富美，而互联网金融可以覆盖长尾人群。交换价值方面，传统金融往往是利用信息不对称获得价值。储户把钱存在银行，银行把钱贷给可以支付较高利息的借款人，赚取息差。而互联网金融可使信息不对称最小化。通过 P2P 网贷，出借人可以了解借款人的情况，决定是否借出资金。交换方式方面，互联网金融拓展了原有的交换方式，降低了价值交换的成本，比如余额宝全天候 24 小时可以交易、T+0 赎回。因而互联网金融比传统金融较好地解决了这三个问题。

大家还在讨论大数据金融。大数据金融是互联网金融的一个必要条件。还是回到那三个问题。第一个问题，在交换主体上，缺乏信用基础数据的长尾人群需要多数据获取。第二个问题，在交换价值上，怎么保证信息不对称最小化呢？需要建立征信体系，一个社会的信用基础设施能够使社会运行成本极大降低。接着是对信用的实时跟踪、做风险的预测性分析。比如 P2P 网贷，出借人了解借款人的基本情况是在贷出资金之前，贷后借款人的经济状况是否发生变化，需要实时跟踪和预测性分析。第三个问题，交易成本最小化也需要实时分析。通过实时分析，可以监测到账户里的钱被盗出的时刻，能够处理账户被盗取的情况。此外，要使交易更为有效，还需要规范性分析。预测性分析是预测未来要发生的情况，而规范性分析是通过改变现在的行为参数来主观设定未来想要发生的情况，以及需要做的事情。本质上，大数据可以为金融提供这些技术支持。

数据获取

数据获取的一个最直接的方法就是利用自有的数据，比如国泰君安做的 3I 指数（Individual Investment Index，个人投资者投资景气指数），分析数十万投资者的样本，了解他们资金账户的活跃程度、资金进出、盈亏比例，了解整个市场投资的景气指数。

第二种方法是自采数据，尤其是针对个人的数据。美国的前进保险公司（Progressive Insurance）为获取数据，在其用户的车里安装一个蓝色小盒子，盒子能够采集用户开车的行为数据，如加速、减速、踩刹车、变道等，根据这些行为数据分析客户的开车习惯，进而决定保险费率。可穿戴智能硬件和量化自我运动的背后也是自采数据的逻辑。彭博社专门雇一颗卫星每周对位于俄克拉荷马州的美国最大原油储备库拍照，根据油罐浮动顶的阴影长度来判断原油储备量的变化。

第三种方法是利用公开的数据。比如社交网络为金融提供了大量的数据用以分析投资者情绪。格林斯潘说过："如果我知道这些大众投资者是恐惧还是兴奋……那么在没有其他信息的情况下，我将能比任何人都能预测经济。可惜的是，我无法看清公众的情绪。"他说这句话的时候还没有大数据技术。美国有几位教授已经开始利用社交网络做情感分析，将其与标普指数匹配，发现两者高度吻合。在这里，利用公开的数据也是一种获取数据的手段。

第四种方法是价值链的分享。在一个核心公司的价值链上下游围绕着一批公司。万事达（Mastercard）是一家发行信用卡的公司，它的上下游有一些发卡行和零售企业，还有其他服务性企业。万事达可以在这些企业当中做数据共享，提供很多智能服务。

第五种方法是跨业共享。Kabbage 是美国一家类似阿里的小微贷款公司。它不像阿里有那么多的数据，但它通过几个手段进行跨业共享。它从谷歌分析（Google Analytics）获取小企业的网络行为信息，从 UPS（联合包裹服务公司）获取企业物流信息，还通过美国的云财务管理软件了解小企业的运营状况。通过跨业共享，Kabbage

把一个企业或者个人的画像全面地展现出来。

第六种方法是数据汇聚商。比如安客诚（Acxiom）、律商联讯（LexisNexis）等公司，它们向政府、法院、服务类企业购买原始数据，之后会想方设法将其数字化，比如运到菲律宾让人工来做。这些数据被汇集起来后，每个人的记录有几万字段，涵盖了生活的方方面面。这些公司通过汇聚数据来提供服务，比如 LexisNexis 为美国保险行业提供个人评分。

第七种方法是通过中间商以少换多。美国有些银行成立了一个联盟叫 Cardlytics，收集消费者数据并帮助银行将数据变现。比如可以根据个人消费记录向其推荐一些东西，如果推荐的商品确实产生效益，这些数据的原始提供者，即银行，就能够得到分成。

第八种方法是用户授权。聚信立是上海的一家公司，它要为信用卡发卡行和贷款机构对个人的信用状况提供评估，但缺乏数据，于是采用了用户授权的方法。公司提供一个云浏览器，让用户自己到云浏览器里面登录淘宝、京东、支付宝、移动通信公司等，在用户的名义下获得大量数据再生成信用报告。这个例子是以用户之名把分散在不同地方的数据汇集在一起。

无论哪种方法，其核心都是数据的开放，表现为无条件的开放、有条件的共享或交易。

对于无条件的数据开放，在保证数据质量的同时（如蒂姆·伯纳斯·李的五星标准），还要注意一些问题。

首先，是数据权属的明晰问题，数据是属于创建者还是属于采集者，抑或属于被观察的客体？这个权属该怎么来界定？当数据拥有者或者数据涉及主体发生变化的时候，数据的权利相应地该发生哪些变化，自然人离世后谁来继承数据权，离婚之后数据权能不能分割？另外一个问题是敏感数据的界定。不同国家对于敏感数据有不同的定义，比如在欧美，个人位置信息、IP 地址属于敏感数据，但在日本就未必。这需要法律做出明确的界定。

其次，要从技术层面做数据的脱敏。第一步是去标识化，去掉与人名、地址等相关的内容。去标识化不一定能做彻底。美国有机构做了研究，只要有性别、出生年月以及邮编这三个数据，就有 60%~80% 的把握把个人的信息还原出来。

去标识化要防止重新标识化（re-identification），比如通过多数据源来重新进行标识。美国在线曾经开放了匿名的搜索记录，有人把这个信息跟美国的选举人登记信息一匹配，结果就把人找出来了。美国奈飞公司（Netflix）也一样，它开放了匿名的评论以及打分的信息，有人把它与国际电影数据库（IMDB）匹配，结果把一个有同性恋倾向的人识别出来了。另一种重新标识的可能性是基于统计。麻省理工学院的研究人员发现，如果获悉一天之中某人在四个不同的时间点所处的不同地点，有 95% 的可能把这个人找出来。在网飞公司，只要知道某人区区几个评分信息，就很有可能将其标识出来。

防止隐私攻击的匿名化技术，典型的有 K-anonymity、L-diversity、T-closeness 等，但还是有隐私攻击的可能性，特别是当敏感属性不够多样化，或攻击者具有背景知识时。更好的匿名化技术叫差分隐私（differential privacy），把噪声加入到数据集中，仍保持它的一些统计属性。英特尔支持普林斯顿和罗切斯特大学做了这样的研究，现在正尝试在运营商开放数据中应用。当然，差分隐私需要在隐私安全性和数据可用性之间做好平衡，当噪声大到一定程度，数据可用性会变差。从实践意义上来说，隐私保护的成本一定要低于数据本身的价值。

广义的数据开放不只包括无条件的数据开放，还有数据的共享及交易，比如点对点进行数据共享或在多边平台上做数据交易。在大数据时代，生产资料所有制已经不再重要，现在更好的机制是生产资料的租赁制。在数据时代的背景下，我没有整个数据集，甚至没有数据，但可以租赁。租赁的过程中要保证数据的权利，数据可以使用，但不可以看见，这就是我们一直在说的"可用不可见，相交不相识"。其实这不是个新问题，姚期智老先生在 1982 年就提出了"millionaires' dilemma"（百万富翁的窘境）问题，两个百万富翁比富，但谁都不愿意说出自己有多少钱，这就是典型的"可用但不可见"场景。这个场景有很多的实际应用，比如美国国土安全部有恐怖分子的名单，而航空公司有飞行记录，国土安全部去航空公司查飞行记录，航空公司不愿意给，因为涉及隐私承诺；而国土安全部也不可能给航空公司恐怖分子名单，因为这是最高机密。在双方都看不到对方数据的前提下，怎么把两份数据放在一起产生价值？这是现在技术上试图解决的很重要的问题。

数据的发展要从点对点的共享，最后走到多边的数据交易，从一对多的数据服务到多对多的数据市场，再到数据交易所。现在的数据市场更多的是对数据集进行买卖，数据交易所则是一个基于市场进行价值发现和定价的，像股票交易所那样的，小批量、高频率的数据交易集合场所。未来这是一个很大的机会。

怎么做到可用但不可见呢？一种手段是通过同态加密数据库技术。如图 4-3 所示，在数据拥有方，甲方的数据库是完全加密的。这样可以防止现在常常出现的内部人员泄密问题。加密数据库可以运行乙方的普通 SQL 程序，因为它采用了同态加密技术和洋葱加密法，SQL 的主要语义在密文上也可以执行。

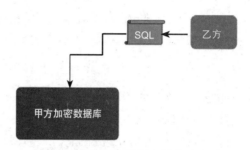

图 4-3　同态加密数据库技术示意图

我们还探索了另一种实现"可用但不可见"的技术，把它叫作数据咖啡馆。"咖啡馆"这个名字来自史蒂文·约翰逊的泰德演讲，他指出咖啡馆是开放的、安全的空间，不同的人可以凑在一起进行思想的碰撞，产生新的想法。数据咖啡馆让不同的数据碰到一起，产生新的价值。如图 4-4 所示，两家电商，一家卖衣服鞋帽，一家卖化妆品，它们对客户的画像都是非常片面的，如果让两者的数据在咖啡馆里相逢，就能够对客户形成一个全面的认识。

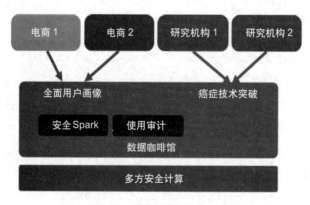

图 4-4　数据咖啡技术

大家知道癌症是一个典型的长尾病症。过去 50 年癌症的治愈率只提升了 8%。为什么呢？因为科研机构拥有的基因样本非常有限。如果能够通过数据咖啡馆，让不同的科研机构把这些样本放在一起，在癌症治疗技术上或许能够有所突破。

数据咖啡馆是一个安全的大数据计算环境，能够保证人（甚至是咖啡馆服务的使用商）看不见数据，只有分析程序看得见数据。为了保证分析程序不做坏事，不暗地里偷数据，还要对这些数据的使用进行审计。

数据分析

金融数据分析强调实时性和预测性。原来供应链金融在贷款过程中可能需要提供具体的抵押物品，现在则完全依靠信用。一个企业的信用状况是随时变化的，贷前根据过去一些交易记录可以知道企业的信用状况，贷后则需要实时监控和预测信用状况的变化。

金融数据分析需要具备可解释性。很多大数据分析结果是给人看的，要强调可解释性。FICO 是美国信用评分公司，它的数据非常有用。美国一些 P2P 借贷公司根据 FICO 积分设定贷款利率，比如 400~500 分对应 6% 的年利率，500~600 分对应 5% 的年利率。FICO 评分所依赖的参数是公开的。这些参数的变化会产生积分的变化，其结果是可解释的。

还有一类分析结果是面向机器的，它更强调分析的精确性而不是可解释性。比如说另一家征信公司 ZestFinance，它从 1 000 个变量当中转换出 7 万个变量，有 10 个不同的算法对数据进行分析。把这 10 个算法进行一次投票，最后获得个人信用状况。通过这样的组合方式，ZestFinance 给出的结果可解释性非常差，但它非常精确。现在这种组合提升精确性的方法学非常重要，在 IBM Watson（国际商用机器开发的电脑系统）、奈飞公司竞赛中广泛使用。

数据分析要有鲁棒性。谷歌有一个流感指数，这个指数与美国疾控中心（CDC）的数据很不吻合。这导致什么问题呢？国家卫生机构会根据谷歌的流感指数预测未来的疫苗需求，并购买疫苗。预测不准就会导致购买的疫苗数量多余或者不足。这个例子说明分析的鲁棒性非常重要。现在普遍认为深度学习是未来解决机器智能的一个主要手段，不过深度学习还存在问题，比如，谷歌发现一张图片能被深度学习识别，然后在这张图片上略做一些改动，算法就识别不出来了，这说明鲁棒性还需要改进。

传统的机器学习算法基于一种指数分布的假设。指数分布把尾巴都割掉了，因而传统的机器学习算法不在乎长尾，可以针对高频词汇和主流信号进行处理。大数据时代要倾听每一个个体的声音，每一个信号都是有用的。所以机器学习的算法对于长尾需要有更好的支持。

另外，数据分析要社会化。Dunnhummby 是一家分析公司，专门帮乐购做分析，双方的合作非常紧密。Palantir 是一家给美国政府和金融机构做分析的公司，双方的合作相对松散一些。Kaggle 是社会化分析平台，一边是 10 万个分析师，一边是企业的分析需求。通过这个平台，分析师可以帮企业去做分析。

各种数据分析算法之间会形成一种战争。华尔街请了很多聪明人，尤其是很多物理学家，仅东欧的物理学家就有几千名。这些人原来可能是分析如何从雷达信号发现美国隐形飞机的，现在跑到华尔街在浩瀚的交易中发现隐藏的竞争对手及其算法，这就造成了算法之间的竞争。传统的高频交易实际上并不是大数据，现在的策略交易更需要大数据的分析。

数据社会的基础是数据经济

互联网时代有一条很重要的定律——梅特卡夫定律。梅特卡夫是以太网的发明者，这个定律是互联网经济的基石。该定律认为，一个网络的价值与其节点数的平方成正比。只有一台电话机没有价值，两台电话机之间形成一个连接，三台电话机有三个连接。其连接数是 $n \times (n-1)$ 的关系，其价值也就跟网络里面节点数的平方成正比。在 20 世纪 90 年代，互联网公司没有赢利模式、岌岌可危的时候，另外一个人出现了，她叫玛丽·米克尔，这位现在被称为互联网女皇的股票分析师，根据梅特卡夫定律推导出互联网公司估值的规律，即互联网公司估值与用户数平方成正比。大量互联网公司获得资本青睐，并不是追求其市盈率，而是追求其用户规模。

大数据时代也需要一些经济规律，比如数据定价。数据和信息的一个重要区别就是，信息是具有特定意义的数据，所以信息的价格很好估计。但数据还没使用的时候，价值是不确定的，就像赌玉石，不把它剖开来谁也不知道它的价值。汽油的价值在其燃烧的一瞬间消失，但数据跟传统物质资源不同，它是可以反复使用的。而且数据具有外部性，它应用于不同领域时可能产生超出预期的价值。因此，数据的定价原则是：不为买断式的产权变更定价，而是为一次使用、价值变现定价，而且先使用后定价。数据市场上，要改变现在买卖数据集产权的方式，让租用和买卖一站式发生。

企业的数据资产，可以根据使用情况来估值。某些数据被用得多，估值也就更高。个人数据也可以定价。个人数据通过中间商出售给广告商可以变现，这个过程完成了个人数据的定价。从前这些数据已经被脸谱网、谷歌拿去赚钱了，个人没有获得任何的收获。现在把数据交给中间商，一个月至少可得 8 美元。

数据定价的另一个原则是要在共享和交易中防止劣质数据。两边数据碰在一起，一边放了一些劣质数据，一定会影响最终的结果，所以要防止劣质数据。斯诺登的文件曾经显示出，英国情报局会在互联网里插入大量虚假数据，左右舆情。这就属于劣质数据的例子。

数据经济需要跨界思维。举例而言，金融数据和电商数据放在一起能够产生很多价值，比如小微贷款。同时，电商交易活动数据和现金流数据能够反映各个细分领域的真实状况。可以说马云是最早预测 2008 年金融危机的人，因为他有 B2B 的数据。金融数据和医疗数据放在一起也能够产生很多价值。比如，现在国内骗保问题很严重，用户并没有发生医疗服务行为却在大量刷社保卡，只要结合两边数据就能够解决这一问题。还有，金融数据和物流数据放在一起就产生供应链金融。诸如此类，都说明了大数据时代不同行业的数据结合将产生乘法效应，实现价值放大。此外，还能产生外部效应，将某一个行业的数据用于其他行业。比如，通过智能电表的数据能够了解房地产的景气状况。总之，大数据符合德尔菲气象定律的特征——只需在气象上面投入 1元，就可以产生 98 元的社会价值。

对于金融行业来说，它本身并不是那么开放，但在大数据时代，开放才能破局，才能实现量子跳跃。具体而言，就是要做开放的数据共享和交易、开放的社会化分析、开放的数据定价，还要有开放的跨界思维。

（本文刊于《阿里商业评论·互联网金融》，2015 年 1 月）

金融创新中的云计算和大数据角色

刘松：阿里巴巴集团阿里云业务总经理

本文将分三部分阐述阿里如何应用大数据和云计算。第一部分回顾阿里的平台模式，第二部分阐述阿里如何依赖数据和平台技术，第三部分分析阿里的支付宝（目前更名为蚂蚁金服）和阿里金融云在哪几个方面、如何应用这些数据。

马云是最早意识到互联网是唯一能够聚合长尾工具的人，产生了做一个中国企业黄页的想法，这是阿里巴巴使命的真正起点。为中小企业服务必须承担巨大的信息处理成本。今天，大多数银行每笔交易的 IT 成本大约为 10~20 元，而阿里每笔金融交易的成本是几分钱。金融行业就是靠 IT 吃饭，关键成本就是 IT。

大数据和云计算这个平台所解决的最核心问题，是大幅降低每一笔交易的 IT 成本以及用数据驱动业务，从而引发金融创新的全新生态。

互联网公司都是受业务驱动的。如今阿里所有的技术平台都依托大数据和云计算，因此具备一个颠覆性的 IT 成本优势，它可以推出一个与银行合作的数据服务，也可以做几分钱成本的对客户的评级。普通个人仅需 100 元钱就可以使用云计算了。

到目前为止，只有互联网实现了平台模式，任何以物理搬运为主的产业都无法形成平台模式，因为只有互联网和信息平台才能解决平台经济问题。其背后是信息成本极低这个基本事实。互联网本身就是一种具备多边网络效应、放大效应的平台。未来 10 年，互联网公司和传统产业将通过平台模式融合。如图 4-5 左侧所示，BAT 通过体验来解决上亿消费者连接的问题，比如得益于支付宝的入口，余额宝很容易就起步了；如图 4-5 右侧所示，传统企业有非常强大的产业资源。目前的问题是，互联网运营和传统行业两个世界之间彼此不了解对方。公平地讲，互联网公司非常了解互联网运营，但它们并不了解传统行业。真正的互联网金融还没有开始，现在只能算互联金融 V0.1。金融行业和互联网行业还有很大距离，它们更紧密的合作才是解决未来模式问题的关键。

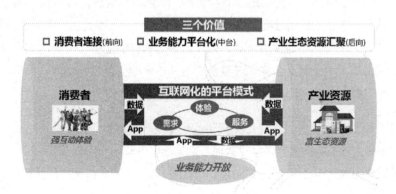

图 4-5　平台经济的依托——小应用，大数据

阿里走的路是小应用、大平台、富生态。只有线上的大数据才是容易获得的大数据，如果这些数据不在线上，那数据将分布在不同的数据中心、不同的应用，集成和获取的难度极高。因此，今天能用的大数据应用，一定要从线上数据开始。未来这种平台模式，客户看到的是用户体验良好的小应用，其背后则是大数据。

传统金融企业感受到了互联网的来势汹汹。互联网有三个基本能力：第一是入口。入口是很关键的，比如余额宝的快速扩张与利用支付宝钱包这个入口有关系。传统的金融行业做互联网金融，最缺的就是入口。开发保险电子商务，或者做直销银行，没有入口，就没有客户。第二是有效流量。金融行业需要高转化率，客户体验变得很重要，它是提升转化率的关键。客户体验对电商来说很简单，它们可以随时通过客户行为、客户画像等摸清客户的需求。传统行业没有意识到转换流量的核心在于客户体验，客户体验的核心在于数据控制点的采集分析，其背后需要大数据来推动。第三是客户运营。即使是互联网公司，在客户运营方面也还有很长的路要走。当然，它们有个先天优势——对客户购买行为非常了解，但这不等于客户运营。金融行业和电商的区别在于，金融行业最终玩的是"账户"，比如余额宝要让账户有黏性，让客户在它的账户里多消费，更愿意保持这个账户。大数据的工具要对账户进行保护和提升黏性。对金融机构来说，更重要的是背后的统一账户。今天大部分 90 后客户把自己所有的行为都暴露在网上，他们的数字轨迹随时可以拿到，这是一代人的特点。大数据可以帮助抓住这群90 后的"数字轨迹"。从客户运营角度看，聚焦完全暴露在网上的人的成本绝对相对较低。比如，余额宝也是先从年轻人开始逐步扩展到年长的群体，90 后可能会反向告诉他们的母亲应该用余额宝来消费。这背后关系到客户洞察和客户运营，这些都依赖数据。

未来几个月，阿里希望能把自己使用的金融云平台变成对外开放的平台。这里有两个开放维度：一个是云平台的能力开放，面向金融行业的中间件还有 PaaS（Platform-as-a-Service，平台即服务）的能力，希望中小银行业可以用；另一个是数据服务的开放，要准备数据跟金融机构合作。阿里金融云上线之后，有大量小的银行、证券公司都上云了，它们想快速上线，做网络银行这样的业务、大量的支付业务，以及与电子商务有关的业务。未来，云平台应该有一定的公益性。对外，数据一定要流动，一定可买卖，你中有我，我中有你。

目前，阿里数据演进的速度比计算架构还要快，达到数百 PB 级别。很多机构讲的大数据不是大数据，而是普通的小数据，数据量很少超过 50TB。到了 PB 这个级别，就是计算跟着大数据走，而不是数据跟着计算走，这是今天大数据和云计算的关系。

以阿里小贷为例。阿里小贷这项业务用了 30PB 数据，有 800 亿个信息项、100多个数据模型。今天做一个阿里小贷不需要流程判断，根据数据判断就可以给客户放贷，一个在银行没有记录的农民也可以通过阿里小贷贷 10 元钱。

前文提到大数据的一个方向是用大数据开辟长尾市场，像余额宝，采用极低交易成本和精准数据分析一直服务于屌丝，提升交易效果。大数据还有两个方向，分别是提升交互体验和提升交易效率。

银行的经营具有交易性，并围绕交易形成了一个庞大体系，包括风控体系。互联网公司是做交付，不一定马上变现。银行未来的转移是逐步平衡交易处理的安全以及交互式的黏合度。阿里小微的风控体系是全新的，依赖阿里数据做标准。

在提升交互体验方面，以海尔为例。张瑞敏把整个海尔客服的人数减了七八成，他认为不需要人工客服，不需要声音甜美的妹子为客户服务，他想让一切都在线上自动化解决。这还是一个成本问题，人工最贵，比线上贵几十倍。未来 5 年不仅是整个广告行业不断数字化的过程，也是客服中心无人化运营的过程。今天，一些保险公司恨不得有 5 000 个客服，这说明整个行业设计需要依赖大数据重构。

总之，如今做互联网化的金融创新必须理解两个要点：一是理解小微，二是理解平台经济。互联网是唯一支持平台经济的模式，背后依靠大数据和云计算平台。传统企业、金融机构转型互联网，就是在互联网模式下进行创业，只有把入口、有效流量和客户运营三个方面都做好才有希望成功。

（本文刊于《阿里商业评论·互联网金融》，2015 年 1 月）

蚂蚁金服的平台战略

陈龙：蚂蚁金融服务集团首席战略官

我在蚂蚁金服工作，我们最想做的就是微金融。首先讲一下我对互联网金融本质的理解。

下面通过图 4-6 讲一下我对金融生态圈的理解。上面是商业生态圈，说明金融是为商业服务的。下面有两个方面，一个是金融机构，金融机构为商业服务；另外一个是监管，通过监管金融机构为商业服务。无论是金融机构还是监管，要想做得好，核心的因素有三个方面：渠道、技术、数据。就像炒菜一样，最基本的元素是那些。你可以通过这三个角度看任何金融机构的长处、短处，以及它的定位。

理解互联网金融需要三个逻辑：第一，需要知道商业和金融关系的本质。金融是由商业来驱动的，也是为商业服务的。这讲起来很简单，但是我们会问：由于互联网时代的商业不一样，那金融应该长什么样？这就是一个自然的延伸。第二，金融的本质是渠道，是数据，是技术。第三个逻辑是监管，金融监管应当遵循金融本质。

金融生态圈的第一环，是商业生态圈。整个金融的发展史，就是满足商业需求的历史。最早的银行在意大利、荷兰产生，因为他们跟东方的贸易也最早，最早的银行是为商业服务的。中国的山西票号是从支持贩盐贸易产生的。阿里巴巴做的是网上贸易，需要网上的金融支持它，所以有支付宝。商业跟金融的关系的逻辑一直是这样，从来没有改变过。

金融机构的本质是渠道、数据和技术。为什么说是渠道呢？金融机构叫金融中介，实际上是搭桥梁，是为投融资双方搭设桥梁，能够有多广的渠道是非常重要的。第二是数据。今天好多学者讲征信讲数据对金融的作用。一个很好的例子是消费者信贷，比如信用卡。人类几千年来就是典当式的信贷，因为我们彼此非常不信任。信用卡是一个没有担保的小贷，其实非常难做，一定要有征信的基础。如果在七八十年前，人手一张信用卡，银行肯定会疯掉。它的产生，首先因为消费者有了信贷的需求，中产阶级发展起来，需要很多消费。但是怎么去考察风险，又没有办法量化。在这样的背景下，1956 年美国 FICO 创立，它的个人消费评分现在也还是最权威的评分。在此基础上，1958 年第一张银行信用卡才产生。信用卡真正普及是 20 世纪 60 年代后期，这时计算机已经被很多机构使用，搜索信息和处理信息的能力大大提高，信用卡清算系统才真正发展起来。所以，信用卡是一个非常好的由于商业需求、科技进步推动金融创新的案例。第三是技术。之前有人提到支付的技术，今天支付宝的技术已经可以做到每笔支付的成本只有两分多钱，以后可以做到 1 分钱，甚至低于 1 分钱。技术带来成本的下降，对微金融的普及是一个非常必要的前提。今天我们谈普惠金融、微金融，没有技术的发展是不可想象的。所以，金融机构的核心竞争力在于渠道、数据、数据搜集和处理的能力，还有就是技术的优势。

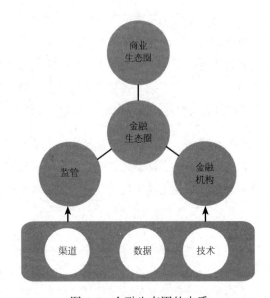

图 4-6　金融生态圈的本质

互联网意味着什么？我们说互联网就是在线、互动、联网，未来所有的人和物在任何时间、地点都可连线。用马云的话讲，我们从 IT 时代进入了 DT 时代（数据时代）。20 世纪可能是大工业企业的时代，而我们这个时代是消费者驱动的时代，蚂蚁金服是一个具有代表性的公司。这是一个利他主义的时代，是消费者体验非常重要的时代，是透明、数据分享的时代。互联网时代的商业，是协同、联网、数据分享的商业形态，是去中心化、小而美的组织。那么金融如何支持它呢？这是我们做金融的人关心的问题。

从古到今，小微企业真正得到金融的滋润是很少的，但是我们不能责怪金融本身。过去没有做到普惠金融、微金融，一个很大的问题是因为技术做不到，成本太高了。银行以前为什么不给每个人发信用卡呢？因为征信、调查的成本太高了，做这件事，一定是以科技的进步为基础的。

未来商业的一个重要方向是小而美的组织，所以普惠金融前途宽广，非常有意义，是有社会责任、有良心的金融，可以把今天很多人想要的梦想结合起来。这也是蚂蚁金服的梦想。

互联网金融和传统金融的区别是渠道改变了，用户可以随时随地通过各种渠道获得金融服务。传统金融对大的企业已经有个性化的服务，500强企业借钱很容易；对中端的企业和个人是一个标准化的产品；而对小微企业和个人是不覆盖的，因为成本太高了。在互联网时代，因为技术的进步，对中端和低端的用户也能够覆盖，无论是高端、中端、低端，都能达到个性化的服务。我们正在进入的 DT 时代就是这样激动人心。

原来，金融是跟消费、社交分开的，现在，很多金融服务跟生活、消费的场景、社交的场景结合起来。比如余额宝，就是一个消费和金融结合得很好的产品。比如微信支付，是社交场景再加上支付。所以，金融跟很多场景的结合变得非常重要，金融的边界变得比较模糊，这个生态圈的物种变得越来越多样。

传统金融里，很多情况下数据是通过人工方式收集的，成本比较高，而且像一个个孤岛一样。现在的互联网金融，在商业和生活场景中自动获取数据，数据不知不觉积累起来，成本非常低，而且是流动的，是活数据，金融体系的透明度也大大提高了。

互联网金融不会颠覆传统的金融。传统的金融已经对大客户提供了个性化的服务，互联网金融利用其渠道、数据和技术的优势，可以更好地为长尾用户提供普惠金融的服务。这不仅是技术本身的改变，也是思维方式的改变，就是所谓的互联网思维——以客户为中心。不但技术要改变，做事情的方式也要改变，这是非常重要的。

我们现在再来看平台。先说渠道的平台。众筹就是筹资金、筹资源，把大家的力量筹在一起，其本质是一个渠道的平台。渠道的平台再加上数据的处理能力，比较好的代表是 P2P。渠道把借贷双方接起来，若只是接起来，没有克服金融的另一个挑战，就会有风险。所以，只是把借贷双方接起来是不够的，还要对资产端的风险有评估和定价的能力。比较典型的例子是 Lending Club（P2P 平台），它通过渠道融资，以现有的征信为基础，在数据风险评级的基础上发放贷款，但不提供担保。中国大部分的 P2P 是有担保的，其实有担保只是把风险测评能力转移到担保方，没有降低它的风险。

互联网金融

我认为 P2P 真正的平台化是一个长期趋势，否则就容易变成一个庞氏骗局。

然后是数据的平台。现在因为数据很多，各个渠道的数据不一样，把数据合起来，发挥数据最大的价值（蚂蚁金服称之为数据共创），可以产生新的金融产品。比如，淘宝上买东西有一个运费险，很便宜，几毛钱，但这个险很重要，提高了用户体验。运费险一开始请保险公司做，由于保险公司是精算，亏了不少钱。后来我们的大数据团队介入，把我们的数据和淘宝的数据接起来，通过数据共创分析，非常精准地找到了风险。在这种情况下，很快就把亏的钱赚回来了。做大数据的人不比做专业保险的人差，这是一个很有意思的例子。从中可以看出，两个机构的数据结合，可以胜过最有专业水准的精算公司。为什么互联网公司能够去做金融，因为它有它的强项，有数据分析能力。蚂蚁金服希望有这样一个平台跟大家分享数据，在尊重用户和合作伙伴权益的前提下，一起去做。

最后是技术的平台。现在支付宝的处理能力，阿里巴巴整个云计算、大数据的处理能力，是世界顶级水平。有人觉得阿里的支付可能比传统的银行风险大。飞机掉下来的概率是百万分之一，陨石掉下来的概率是七十万分之一，支付宝的风险跟陨石掉下来的概率接近，是十万分之一，支付宝现在是互联网金融安全的标杆，是世界领先的水平。我去蚂蚁金服不久，正好经历了"双 11"大促，前十几分钟，我们每秒要处理 3.8 万笔支付。我们原来也非常依赖国外的 IOE 系统，后来发现随着成交量的上升，成本也同步上升，我们一算，（如果这样下去）再过几年阿里巴巴就破产了，所以，几年以前就决心"去 IOE"，决心好好地投资云计算和大数据。这几年见到很好的成效，我们有些技术是全世界顶尖水平。

金融的本质是渠道、数据、技术，这些都可以做平台。可以做渠道的平台，搭一个平台，大家上来买东西、卖东西，如理财产品。可以做数据的平台，可以做数据共享，大家把数据加进来，做好隐私保护，加起来产生新的金融产品。可以做技术的平台。不是每一个金融机构都需要去做自己的 IT，我们投入了很多钱，已经是世界顶级水平，可以帮很多金融机构去做技术。云计算、大数据加上金融，其实是所有金融的前途。当我们讲到互联网金融的时候，各个机构相对的长处是不一样的。有的是互联网相对较强，有的是金融相对较强。所以，你可以让别人去做技术，你做金融，或者合起来去做，我做你的底层，一起开发金融，定位不一样，也会有各式各样的平台。

为什么要做平台？因为在数据时代，利他主义、体验、透明是它的精神，而平台最能体现这样的精神。平台首先是为合作伙伴创造价值，以透明、高效、降低成本、用户体验好、满足消费者为目的。这个平台正好符合了这个时代的精神，也正好是这个时代有意思的商业模式之一。

为什么现在会有这么多互联网公司做金融？因为它们就是天然的平台，它们已经有很多商业场景，有渠道，有数据，再把金融加进去是很自然的事情。金融的本质是渠道、数据、技术，有这方面的优势，你就可以做这方面的平台。

蚂蚁金服之所以取名叫"蚂蚁"，因为我们想做的就是微金融，从小做起。我们的定位是一个技术驱动的数据公司。技术、数据、渠道是我们的强项。我们又有一个平台化的定位。根据我的体会，互联网金融和金融互联网真的不一样。有人说所谓互联网金融是互联网公司去做金融，金融互联网是金融企业上网，殊途同归。但两者真的不一样。因为互联网金融是大数据、云计算加上金融，是金融的未来。而且互联网和金融的强项不一样，它们应该有一定的差异化。

蚂蚁金服不希望再做一家金融机构，这不是我们的初衷。我们想搭一个平台，因为平台的精神也是阿里巴巴的精神。阿里巴巴是最大的电商平台，蚂蚁金服希望做一个金融平台，这个平台里面包括：1）渠道的平台，可以帮各种金融机构卖产品；2）数据的平台，我们自己有数据，加上各种渠道的数据，产生新的金融创新；3）技术的平台，我们帮助很多金融机构，做它们的"IT民工"，可以帮它们一下子做到一流水平，而且非常安全。有时候大家讲互联网金融不安全，我们现在已经是这个行业安全的标杆，在安全度上属于世界一流水平。

最后，为了推动互联网金融的发展，我们还要拥抱监管。我们向监管开放，还要帮助监管机构发展一个实时的、面向未来的、在过程中监管的一个体系。

商业正在走向小而美的繁荣时代，金融也正在走向微金融繁荣的时代。现在很多人讲的微金融，包括众筹、P2P，其实都是平台模式。为什么要做平台模式？因为平台模式是以体验为核心，是利他的，是透明的，这正好符合这个时代的未来。但是做平台的选择，基于渠道、技术和数据的差异化，各自也会有所不同。

蚂蚁金服的愿景，是一群有情有义的人共同做有价值有意义的事情。阿里巴巴的口号是"让天下没有难做的生意"，而蚂蚁金服的口号是"让信用等于财富"。吴晶妹教授讲，信用是一种财富，我们做的就是一个实际的工作。索罗斯对马云说，支付宝是这个世纪世界上最伟大的金融创新。国外非常看重支付宝，因为我们能够帮助世界解决普惠金融的问题，帮助解决农村金融的问题，帮助推动全球化。

（本文刊于《阿里商业评论·互联网金融》，2015年1月）

Part5

第五篇

互联网 +

新商业逻辑：从"双11"到生态化的未来

曾鸣：阿里巴巴集团首席战略官

电子商务进入第三个发展阶段

2014 年 11 月 11 日，即"双 11"的第 6 年，我在淘宝城中央控制室盯着实时数字显示屏。在 2014 年 11 月 11 日的零点 1 分 11 秒，交易额突破 1 亿元，3 分钟突破 10 亿元，14 分钟突破 50 亿元，38 分半钟突破 100 亿元。大家还没有来得及反应，交易额就过了 100 亿。而 2013 年的"双 11"用了 5 个多小时才完成 100 亿元。2014 年的"双 11"给了我三个感觉。

第一个感觉是非常顺利。2012 年的"双 11"交易额上升得非常快，但阿里巴巴对此的技术准备还不充分。在 2012 年"双 11"，前半小时产生的访问量超出了所有人的预期：短短 20 分钟之内，上千万的消费者排队等待付款，这种压力冲击了各银行的网上支付体系，网银陆续崩溃，数百万笔交易骤然停止；5 个小时后，各系统才恢复正常，同时物流、客服等方面也都出了很多问题。2013 年，我们进行了全面系统升级，排除所有可能导致宕机的隐患，并进行了多次预演，但系统还是出现了各种不稳定。到了 2014 年，我的第一个感觉是特别顺，系统、物流、服务等都很顺利。

第二个感觉是那种势能非常大。虽然大家对 2014 年的"双 11"有很多期望，但实际结果还是超出了每一个人的预期，那种势能让我们感觉震撼。我们做了很多年的电子商务，虽然说对商品销量很有信心，但那一刻还是被震撼到了。

第三是对生态系统的敬畏。生态系统有了自己的思想和节奏，所有人配合得很好，包括无数的卖家、消费者和快递员。第一单商品从下单后不到两分钟就送到了消费者手上，这是生态系统中各环节自发的配合。更确切地说，这是生态的力量，也是阿里一直想推动的，更是生态发展的结果。

对于"双12"又不一样——万能的淘宝，加上很多不同的玩法，特别是O2O正汹涌而来。把"双11"和"双12"放在一起看，电子商务很可能正在进入新的发展阶段。

从淘宝成交总额的变化来看，电子商务发展的第一个拐点是2008年。在之前不到5年的时间里淘宝做到了1 000亿元；而全国零售业的第一名国美，全年销售额有1 000亿出头。过了短短5年，淘宝在2013年冲到了1万亿，这又是一次大发展。经过这几年的努力，品牌商大规模加入电子商务，物流企业快速发展，各种B2C网站的兴起以及各大平台的竞争，推动了整个B2C的大爆炸。2014年，电子商务占中国零售业的比例已经达到10.6%，超过了美国。

电子商务正在进入第三个黄金发展阶段。到今天为止，互联网对传统商业的冲击其实还是局部的、有限的、割裂的，主要体现在广告、零售、物流等领域。未来互联网对物流、采购、生产、供应链所有的环节将会产生更激烈、更根本的冲击和改变。什么是电子商务？只有当供应链的每一个环节都在互联网中并实现闭环的时候，才是真正的电子商务，但那个时候电子商务已经成为商业的基本模式。我们看到，商业的真正未来，是如何在互联网的平台上重构一个全新的商业生态。而新的商业核心的概念就是生态，这是传统的工业时代所不具备的能力。

互联网对传统商业的革命

中国经济的发展促进了互联网的演化，互联网的演化又催生传统商业的革命，并带来大众创新下的经济繁荣。

过去10年中，中国的互联网用户数从2003年的近8 000万（全国人口的4.6%）增加到2014年的6.5亿，增长了8倍。现在的网民规模占全国人口的一半，几乎是美国总人口的两倍。"双11"的奇迹，以及中国电子商务的超常规发展，主要归功于中国经济的崛起，并非阿里巴巴一家公司所单独成就的。

现在，随便去全国任何一座城市，在地铁或公交车站都看得到各个电商平台的广告。回想2003年淘宝诞生之际，网上零售——在一个网站上，从远在千里的陌生人手中买一件网页上展示的商品，并在网上付款——对于绝大部分的中国人而言，是多么神奇！仅仅过了几年时间，人们的犹疑已恍如隔世。电子商务已植入人们的心里，如今已成了中国消费格局的重要组成部分。

中国电子商务的超常增长，还源于传统零售业的羸弱。

在欧美国家，电子商务对零售业基本上是锦上添花，往往是成熟线下巨头的另外一个营销渠道而已。但在中国，电子商务的角色十分奇妙。中国没有沃尔玛、希尔斯或塔吉特这样的全国性连锁零售商。原因很简单，中国疆域辽阔，现代经济的发展历史还不够长。离开大城市，物流等基础设施严重匮乏，乡镇、农村居民基本无法享受现代零售体系的便利。

用一个数据足以揭示本质：商场的覆盖率。世界上最饱和的市场是法国，每百万人平均有 25 家商场，美国平均将近 10 家，韩国平均超过了 5 家。但在全球人口最多的中国，每百万人平均只能去逛一个商场，中国的零售整合率（即总交易额中前 20 名零售商的占比）仅仅是 13%，与超过 50% 的西欧国家相比，明显处于发展初期。

多年来，中国的零售业无法真正让消费者满意。电子商务的出现填补了空白，因此获得了爆发式增长。在满足消费需求的同时，众多小微企业和草根阶层也得到了低成本创业机会，1 500 万人因阿里巴巴得到了就业机会，其中农民占到一半，另外还有大学生、下岗职工、残疾人等弱势群体。互联网的普惠性得以充分展示，这才是互联网力量的最佳写照。

未来的商业是 C2B

中国电商的成长速度令人震惊，淘宝的年销售额已经超过亚马逊和 eBay 的总和，电商的规模也超过了美国。展望未来，淘宝很快会超过沃尔玛，坐上全球第一零售商的宝座。

但这仅仅是变革的开始。互联网的演进将沿着价值链一步一步前进，从下游的零售开始，顺流而上延展到物流，最后渗透整个供应链。互联网平台很快就可以促进各商业环节的实时打通、实时协同，让所有的商务都变成电子商务。到了那时，如果你还不上线，还不联网，那就太迟了，很可能已经被竞争对手抛在身后。

传统企业将面临重大危机，它们必须把流程搬到网上，与客户互动。没有互联网，企业的产品和服务就无法接收实时反馈，无法实现互联网时代所需的持续优化。企业上线之后，合作伙伴之间的互动模式也会跟着变，走向协同，来自消费者的数据也会渐渐流到供应链的上游，从而主导所有企业的决策判断。

这一模式推翻了工业时代的所有商业常识。聆听客户之声，意味着放下控制权，这必定迫使企业改变传统做法以尊重客户价值。企业的运作方式必须更具有柔性、灵活，要减少计划，让决策自然产生。这已经不是从前科层制的线性控制模式，而是生态化、多元协同的逻辑，是机械系统和生态圈的差异。机械系统能执行命令但无法演化，只有看似缺乏效率的生态系统才能够演变进化，遵循网络时代的规则。

这个商业系统的核心关键词是C2B。传统工业时代的商业模式是B2C，而未来的商业是C2B，一切以消费者为导向。互联网思维的第一原则就是"用户至上"。虽然"用户第一"是所有人相信的理念，但只有在电子商务时代，你才第一次真正知道谁是你的用户。如果你是做电商的，你可以知道每天是谁在你的网上店铺里产生了消费，更可以直接和消费者产生互动。因此，电子商务绝不仅仅是网上零售，也不仅仅是渠道费用的节约。

客户和厂家之间的连接、互动才是电子商务最有价值的部分，而这种C2B模式带来的消费者价值是个性化定制，这样才能避免同质化竞争，才能有溢价，才能有真正的客户忠诚度和品牌的黏性。要实现这样的C2B商业模式，必须形成新的"协同网"。对于这个概念，我们现在还无法清晰定义它的精准含义。一个简单直观的推断概念是，那不再是一个封闭型的供应链，而是开放、共享、协同的价值创造网络。

没有数据就没有商业

商业逻辑趋向生态化，是社会迈进数据时代的必然结果。未来企业的核心资产不再是劳动力或资本，而是数据和创新能力。近期由小团队开发但市值超百亿美元的应用，例如美国的Snapchat和Whatsapp，都足以证明，已经不需要庞大资本和劳动力，个体就可以通过网络平台聚集全球的客户群，创下佳绩。

未来商业最重要的考量标准是数据是否实时交换、实时激发价值。数据是商业的一部分，没有数据就没有商业，这才是商业的未来。随着云计算等技术的发展，商业的各种门槛将陆续消失，商业的本质将因此而变。这是我们看到的未来新商业的一个基本情况。

为什么我觉得这是一次真正意义上的商业大变革？一想到工业时代，就会想到线，也就是螺丝钉的角色。工业经济的基本特征都是线性的，流水线供应链要求的是标准化、大规模、低成本。但在互联网时代，新的商业形态是网、C2B、差异、协同、分享、合作、自组织、开放，这是新的价值观在新的技术平台上演化出来的一种令人兴奋的新商业模式。

经过 15 年的发展，电子商务还处在初级阶段，不过近几年大家却做得很辛苦，这是因为电子商务正处在转型期，正在进入一个新的发展轨道。打法要创新，未来的赢家一定不会用过去的玩法。

（本文刊于《阿里商业评论·"互联网+"》，2015 年 4 月）

高红冰谈"互联网＋"

高红冰：阿里巴巴集团副总裁，阿里研究院院长

如何理解"互联网＋"？

"互联网＋"是指以互联网为主的一整套信息技术（包括移动互联网、云计算、大数据技术等）在经济、社会生活各部门的扩散、应用过程。互联网作为一种通用目的技术（General Purpose Technology），和 100 年前的电力技术、200 年前的蒸汽机技术一样，将对人类经济社会产生巨大、深远而广泛的影响。

"互联网＋"的本质是传统产业的在线化、数据化，快的打车、淘点点所做的工作都是努力实现交易的在线化。只有商品、人和交易行为迁移到互联网上，才能实现在线化；只有在线化后才可以实现数据的沉淀、积累、挖掘和使用。在线化、数据化实现之后就可以通过大数据反过来指导生产经营和管理。

"互联网＋"的内涵不同于之前的信息化，或者说互联网重新定义了信息化。我们把信息化定义为：ICT（Information Communication Technology，信息、通信和技术）技术不断应用深化的过程。但是，如果 ICT 技术的普及、应用没有释放出信息和数据的流动性，没有促进信息/数据在跨组织、跨地域的广泛分享使用，就会出现"IT 黑洞"，信息化效益难以体现。在互联网时代，信息化正在回归这个本质。互联网是迄今为止人类所看到的信息处理成本最低的基础设施。互联网天然具备的全球开放、平等、透明等特性使得信息/数据在工业社会中被压抑的巨大潜力爆发出来，从而转化成巨大的生产力，成为社会财富增长的新源泉。例如，淘宝网作为构架在互联网上的商务交易平台，促进了商品供给－消费需求数据/信息在全国、全球范围内的广泛流通、分享和对接，由 10 亿件商品、900 万商家、3 亿消费者实时对接形成一个超级在线大市场，极大地促进了中国流通业的效率和水平，释放了内需消费潜力。

中国为什么会出现"互联网+"的热潮？

"互联网+"的前提是互联网作为一种基础设施被广泛安装。英国演化经济学家卡萝塔·佩蕾丝认为，每一次大的技术革命都形成了与其相适应的技术-经济范式。这个过程分为两个阶段：第一阶段是新兴产业的兴起和新基础设施的广泛安装；第二个阶段是各行各业应用的蓬勃发展和收获（每个阶段各持续 20~30 年）。2014 年是互联网进入中国的 20 周年，中国迄今已经有 6.3 亿网民、近 5 亿的智能手机用户，通信网络的进步，互联网、智能手机、智能芯片在企业、人群和物体中的广泛安装，为下一阶段的"互联网+"奠定了坚实的基础。

阿里巴巴在"互联网+"领域有何战略部署？

"互联网+"实际上是从增量到存量的改革路径，在过去的 15 年，阿里巴巴做的是"电子商务"，今后将重点推进"商务电子化"，实际上就是希望用互联网、云计算和大数据技术推动传统产业的转型升级。

零售业的 O2O：包括和银泰百货的合作、"码上淘"项目、"未来商圈"和"淘点点"项目等。通过移动互联网、物联网技术、移动支付等促进线下实体商业（零售、商圈、餐饮）的整体转型。

在线批发-产业集群的转型：阿里巴巴推动了 140 多个产业集群和专业市场在线化，覆盖浙江、广东、江苏等 19 个省市。依托本地化的服务商，将服装、母婴、数码、食品、百货、机械、包装、原材料等 16 大类各地特色优质货源加速搬上互联网，在线交易额约为 1 400 亿元。

制造业在线化："淘工厂"项目力图把服装工厂的生产线、产能、档期搬到线上来，并综合打包将其作为一种服务出售，平台提供交易规则、深度验厂、信用评价、加工数据等一系列的服务。"淘工厂"实际上打造的是一个开放的制造业供应链平台。

跨境电子商务：也可以看作外贸交易、服务环节的在线化和数据化。其中跨境零售"全球速卖通（AliExpress）"已经覆盖 220 多个国家和地区，俄罗斯、美国、巴西、西班牙是交易额较高的国家市场。在 B2B 外贸方面，阿里巴巴的"一达通"用互联网平台化的方式为中小外贸企业提供通关、退税、融资、物流一站式外贸出口服务，通过大服务产生有效的大数据，打造跨境贸易诚信体系。

农村电商战略：阿里巴巴已经启动了"千县万村"项目，计划在3~5年内投资100亿元，建立1 000个县级运营中心和10万个村级服务站，促进农村电子商务和农村城市化发展。

互联网金融：移动支付、大数据的技术降低了实体经济的交易成本，可以更好地服务小微企业、消费者，并激活传统金融体系。我们预计，借力于互联网金融，小企业的金融覆盖率在2020年可能会达到30%~40%，目前小企业贷款覆盖率仅为20%。

未来"互联网+"的新热潮

以互联网为代表的信息技术不断成熟，其经济性、便利性和性价比越来越高，并作为一种基础设施广泛应用在数亿人群和产业中间。在应用方面，继传媒、广告、零售业之后，交通、物流、本地生活服务、批发和产业集群、制造业、农业、金融、房地产等产业会一个一个在线化、数据化。

未来比较容易突破的领域有：一是市场化程度比较高的领域，比如零售业、餐饮、物流行业；二是供需发生转换，供大于求的领域，例如，若房地产供求发生反转，也会加速互联网化；三是问题较多、老百姓不满意、信息化水平低的行业，比如城市交通、医疗领域。过去出租车行业被认为是所需学历较低、信息化落后的行业，但是现今在北上广杭等城市，出租车行业几乎成为移动互联网渗透率最高的行业，达到80%~90%的水平；而且依靠打车软件的服务，很多司机实现了数据驱动业务的流程——通过对未来一段时间内打车人群的预测，驱动行车的轨迹。

比较难突破的领域是金融服务、能源行业（例如汽油零售）、通信业。

"互联网+"的发展瓶颈

目前来看，对于我国"互联网+"的纵深发展，或者说对于产业互联网化的顺利推进，还存在以下制约要素。

管理制度不适。目前信息生产力还未最大限度地发挥作用，这主要是受到了原有基于"工业经济"的生产关系的束缚，具体体现在制度安排上的落后，比如：没有促进信息（数据）流动与共享的政策；只有IT投资预算制度，没有购买云服务的财政支持制度；互联网金融监管制度不能适应技术发展的需要等。

观念落伍。目前我国的传统产业存在较为严重的观念固化，具体体现在因袭原有的信息化老路，对云计算、大数据等基础设施服务缺乏必要的了解和应用，也没有适应以消费者为主导的商业格局的转变。

基础设施滞后。与美国、欧洲、日本、韩国等发达国家的持续进步相比，中国在宽带、现代物流等方面存在很大差距。特别是城乡、中西部的"数字鸿沟"，严重制约了信息经济的深入普及、应用。

技术创新体系陈旧。当前我国的技术创新体系仍然倚重传统的高校、科研机构及国有企业，相关的产业扶持资金也没有得到很好的利用，一些企业创新动力不足、技术进步效果不佳。

小微企业环境欠佳，经济活力不足。尽管小微企业在解决就业、促进创新和经济增长上做出了重大贡献，但政府扶持措施仍难落地。在国家经济"降速转型"的形势下，大众创新越发受到重视，而承担大众创新的主体正是小微企业。

人才匮乏，教育体系落后。目前，与低技能的劳动力相比，适应信息经济发展的相关专业人才非常短缺，人才结构不合理。比如，电子商务人才、移动互联网人才、互联网金融人才等领域的人才培养机制与市场需求严重脱节。

政府应如何培育、支持、引导"互联网+"的发展

继续高度重视互联网经济

互联网经济不是一个刺激内需的短期投资思维，而是内生驱动的经济体，是解决中国经济长期发展问题的新范式。与传统的工业经济相比，基于互联网的信息经济的生产要素、基础设施、经济形态、竞争规则都在发生重大转变。在全球市值最大的5家互联网公司中，中国占了两家。在新的国际竞争形势下，中国有可能实现换道超车，取得先机，甚至成为规则的制定者。因此，要高度重视互联网经济的战略地位和发展前景。

进一步扶持小微企业成长

电子商务平台上99%的企业都是小微企业，但互联网的小微企业小而不弱，充满创新和变革活力，将来必然会涌现出超越阿里巴巴、腾讯的创新型企业，为我国的经

济繁荣和社会稳定做出更大贡献。在这个关键性的发展阶段,建议政府继续遵循最小干预原则,让市场充分竞争和有效自律,扶持小微企业做大、做强。

推动实施国家云计算、大数据发展战略

我国已制定国家层面的云计算、大数据战略。教育、医疗、交通、政务、金融等行业的云计算及大数据应用在发达国家已经成为发挥价值的最重要领域。就国内来讲,尚存在的职能"条块分割"格局和信息系统建设的"孤岛"现象,在促进云计算建设、加速数据流动过程中是非常大的障碍。这需要政府主导,在这些领域打破原有的利益格局,以普及云计算服务和大数据应用,减少资源浪费,促进效率的提升。

"互联网+"对政府治理提出了哪些挑战

很多研究发现,互联网是一个典型的复杂网络、生态系统,这个生态就像一堆杂草,看似杂乱,但却很有生命力。政府治理应该采取生态化治理的模式,让其长成我们期望的大树。

按照全球治理委员会在 1995 年的定义,治理是指公私机构管理其共同事务的诸多方式的总和;它是使相互冲突或不同的利益得以调和并且采取联合行动的持续过程。从严格意义上讲,治理与统治的概念不同,统治强调的是政府对公共事务的管理,管理的主体必须是政府;而治理的主体可以是政府也可以是私人机构、社会组织。从管理方式上讲,统治往往采取自上而下的方式,对公共事务进行单一向度的管理;而治理则是一个上下互动的过程,强调政府与私人机构、社会组织进行合作、协商,多层互动,最终实现对公共事务的管理。

生态化治理是治理概念的发展,强调的是在一个生态系统中,所有参与者为了维持自身的利益和生态系统的可持续发展,共同参与到治理过程中。生态化治理包括主体多元、责任分散、机制合作三大部分。

治理主体的多元化:生态圈中几乎所有的主体都分享了治理权力,并参与到治理过程中。从现有的治理情况看,消费者、网商、电子商务平台、第三方治理机构、服务商、相关的政府部门、科研机构以及媒体都成为治理主体,享有治理权力。

治理责任的分散化:治理主体的多元化造成了治理权力的分散化,相应地,治理责任也分散化了,治理的责任相应地分散于平台、消费者、网商、第三方治理机构、

政府等手中，这种责任的分散化可能导致治理责任边界模糊。

治理机制的合作化：治理主体的多元化和治理权力的分散化决定了治理不是某个主体能独立完成的任务，必须依赖于各治理主体形成一个密切合作的机制，也称为治理机制的合作化。此种合作机制的形成一方面有赖于各主体共享、共通的价值观念，另一方面取决于各主体通过合作关系实现各自的利益追求。

（本文刊于《阿里商业评论·"互联网+"》，2015 年 4 月）

从 B2C 到 C2B——互联网驱动的商业范式转换

游五洋：阿里研究院资深专家

C2B 不应该仅仅被理解为个性化定制或大规模个性化定制，甚至不应局限于商品消费－生产领域，而应被理解为：一种由互联网这种通用技术与实体产业深入融合所驱动的技术－经济范式的转换。C2B 所代表的新范式涵盖消费、生产制造、物流、IT、金融等所有经济领域，既包括一整套通用技术、消费方式、商业模式，又包括企业组织方式、管理制度和劳动者本身，还涉及产业政策、管理制度、社会文化、教育和人的意识等方方面面。商业范式即为"常识"，正如英国演化经济学家卡萝塔·佩蕾丝在《技术革命与金融资本》一书中所论述的：技术－经济范式是一个最佳实践模式，它由一套通用的、同类型的技术和组织原则所构成，这些原则代表着一场特定的技术革命得以运用的最有效方式。

在工业经济时代，技术－经济的范式是 B2C，即以厂商为中心，以商业资源的供给来创造需求、驱动需求的模式。通用的技术是能源和机械动力相关的技术，以驱动大规模生产、大规模部署商业资源的模式得以持续。B2C 的典型特征是标准化大生产、大众营销、大流通、大众消费、大金融。B2C 的范式不仅集中在工业生产领域，也体现在商业、农业、文化、社会生活各个方面。比如，连锁经营实际上是工业大生产标准化、规模经济效应在流通领域的体现；农业产业化要求按照工业化的方式塑造农业，通过种子、农药、化肥的标准化来实现单一种类作物的大面积种植。在美国，种子和除草剂只能买孟山都的，化肥只能用嘉吉的，最后作物也由嘉吉来收购。而到了食物的销售环节，消费者通常去沃尔玛购买。食品巨头们还通过控制电视等大众传媒向美国人灌输吃什么最健康。在大众文化领域，好莱坞电影和美国电视剧也是工业化的制作、流水线式的生产、商品化的市场营销，以传播美国式的价值观和生活方式。

互联网加速推进了信息经济的到来，在商业领域带来了两个显著变化：在需求端，消费者首先被信息高度"赋能"，导致价值链上各环节的权力发生转移，消费者第一次处于经济活动的中心；在供应端，互联网大大提高了信息的流动性和穿透性，削减了交易费用，极大地促进了大规模社会化分工、协作。根据市场需求，快速集聚资源，通过在线协作的方式完成项目任务的模式大行其道。长尾经济、创客、众包、维基、分享经济等是对这一模式的多角度描述。我们大胆地把这些统称为 C2B 模式，即以市场需求为原动力驱动商业资源的模式，简单地说就是"商业资源按所需而动"。这里，商业资源扩展到广告营销、加工制造能力、原材料、物流、仓储、劳动力、IT、数据、金融服务等诸多方面。这里的"市场需求"不仅仅是最终的消费需求，也包括厂商需求，但厂商需求最终也是由消费需求驱动的，产业会呈现出 C2B、C2B2B，甚至C2B2B2B（见图 5-1）的形态。例如，服装消费需求的个性化、社群化特征驱动（大小可变的）柔性化生产；往上游进一步驱动面辅料商、劳动力、物流仓储设施按需配置；再往上游，倒逼扎花厂，甚至棉花种植、土地、职业教育等按需配置。

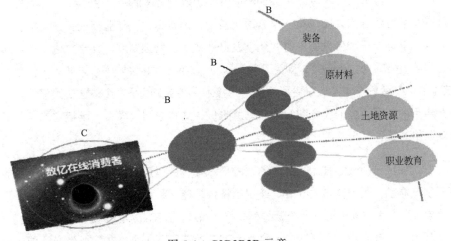

图 5-1　C2B2B2B 示意

　　商业资源以前都局限在一个企业、组织内部，供企业、组织独自使用，难免会有冗余浪费或短缺断货。现在由于互联网所带来的碎片化、海量信息的穿透性，打破了企业、组织边界，商业资源可以在全社会共享。在理想状态下，如果数据能穿透所有工序、流程、产业，就能把所有的价值主体、商业资源连接起来，实现实时的协同。概括来说，开放性、实时协同、按需使用、碎片化聚合是这个时代的大趋势。

　　在广告营销方面，按需匹配广告资源的模式已经十分成熟。工业时代的大众营销依靠杂志、电视等大众传媒的狂轰滥炸将产品和品牌信息强行灌输给消费者，其背后是厂商的主导意识，这是一种典型的B2C广告模式，消费者是被动的。B2C广告模式的最大弊端是广告资源的浪费，不能精确覆盖目标消费者。广告大师约翰·沃纳梅克曾说过："我知道我的广告费有一半是浪费的，但我不知道浪费的是哪一半。"随着互联网和大数据技术的应用，浪费的广告费用正在被不断地找回。互联网广告也经历了几个发展阶段，从最早的Banner（旗帜广告）到CPC（按点击付费）、CPS（按实际销售付费），再到RTB（实时竞价广告）和SNS营销，广告越来越精确，效果越来越量化。从按照位置投放到按照目标人群投放，最终到按照"每个人"来投放广告。以CPC为代表的搜索广告虽也可以精确投放，但还是"守株待兔"的B2C模式，而基于大数据技术的RTB广告，只自动投放给对它感兴趣的受众，真正实现了品牌商与消费者的"你情我愿"。对品牌商而言，RTB广告让企业按照需要购买的"每个消费者"的数量来制定广告预算，是一种真正的C2B模式；而SNS广告营销依靠消费者之间的"连接"和口碑传递，更为贴近高级的"产消合一"趋势。

在生产制造方面，个性化消费需求倒逼柔性化生产，使按需获取制造资源成为可能。互联网释放了消费者多元化、个性化的消费需求。以服装业为例，"小批量、多款式、快速反应"成为普遍的市场需求，而传统服装业的生产理念、生产方式、经营模式等都是为大生产准备的，这些都与新的消费需求形成了巨大矛盾。比如，传统服装业一年只有两次或4次订货会；在设计环节，一个季度只开发几十款、最多两三百款衣服。而网络消费需求要求每周都上新款，甚至一周数次上新，以把握最新潮流。在批量方面，传统的服装新款打板后首单至少生产3 000~5 000件；而电商的要求是首单50~100件的小批量测款，有大量需求后再迅速大批量翻单。这些都对柔性供应链提出了强烈的需求。

所谓柔性化的供应链，就是供应链具有足够弹性，产能可以根据市场需求快速做出反应：小批量可以做，需要大批量翻单、补货时，也能快速实现，而且无论是大单、小单，都能做到品质统一可控，成本相差无几、及时交货。要做到真正的柔性化，就需要克服根深蒂固的"大批量生产"观念，在信息协同、品类精细规划、物料准备、生产线改造、管理方式等诸多方面做彻底的改造。目前，广东、福建、山东、浙江等地一些有"制造业精神"的企业家先知先觉，在这方面进行了创造性的尝试，取得了良好的效果。例如，青岛红领的董事长张代理，在旁人眼中是"偏执狂"，他用11年的时间、投入2.6亿元打造了一个全数据驱动的服装工厂，实现了西服正装的大规模个性化、定制化生产，将大规模、柔性化、快速反应和成本控制完美结合。红领目前可以做到流水线上每件衣服都不同、7天快速交货，而成本较普通模式只上升10%。东莞共创供应链是专门瞄准服装电商"小、多、快"需求而设立的服装厂,它的创始人、中国台湾企业家林恒毅按照精益生产(TPS)、瓶颈管理(TOC)等先进制造业理念对生产线进行了彻底改造,摒弃了传统服装生产线上普遍采用的"捆包制"生产方式,而是采用"单件流"小批量转移的流水作业方式,实现了"可大可小"的柔性化生产。共创供应链还提出了"可得性生产"的理念,即通过交易、生产数据共享、贯通的方式与品牌商、面料商建立协同关系,成立虚拟面料库,储备产能,实现供应链的"随需而动"。

阿里巴巴的"淘工厂"项目也做了一件很有意思的事情,把服装工厂的生产线、产能、档期搬到线上,并将其打包作为一种服务出售,由平台提供交易规则、深度验厂、信用评价、加工数据等一系列的服务。"淘工厂"实际上打造了一个开放的制造业供应链平台,任何有加工制造需求的品牌商、个人都可以来此寻找、购买合适的加工制造资源,按需使用,弹性灵活。

在物流仓储方面,按需配置的"云仓储"日益兴盛。仓储物流大致分为自建和社会化第三方两种形式。传统企业大多选择自建物流仓储,由于经营销售淡旺季的波动以及不同部门的信息不对称,往往会造成资源浪费。例如,对于羽绒服商家的自有仓储物流体系,秋冬爆仓而春夏季闲置,而相关的土地、人员和IT投入都难以同比例缩减扩张,从而造成资源浪费。

随着电子商务的发展,一批像中联网仓、五洲在线、百世物流等高信息化水平的社会化物流仓储服务商大量出现。"云仓储"是利用互联网技术和"云"的概念,由第三方服务商提供的社会化、可弹性扩展、仓配一体化的仓储物流服务,商家按照使用付费。"云仓储"服务对电商企业应对促销高峰带来的仓储、订单处理、分拣、配送等方面的剧烈波动意义重大。例如,中联网仓的"云仓储"服务具备峰值处理20万订单、200万件货物的超强处理能力,为多家客户提供弹性仓配服务。典型的案例如"五芳斋"粽子,平时可能只有1 000件订单,但2013年端午节的时候订单激增,直接高达50 000件,五芳斋自己的仓库难以承受,后来通过和中联网仓的合作,顺利完成了全部订单的物流配送。

在IT资源方面,公用云计算服务正逐步成熟。10年前,尼古拉斯·卡尔在《IT不再重要》一书中宣布云计算将导致IT资源成为普遍的廉价资源,引起业界轩然大波。如今,计算、存储和软件资源的"按需使用"观念日益深入人心,越来越多的企业采用购买云服务的方式获取IT资源。例如,阿里电商云"聚石塔"平台已经有近百万的商户。IT资源就像互联网企业的生产资料,而云计算服务则实现了按需购买、弹性付费,大大降低了年轻人的互联网创业成本,让创业者可以更加聚焦于产品和市场上。在阿里云的官网上,用户可以自定义云服务器的配置,其中,可供组合的CPU、内存套餐达18种,存储空间可在40~2 000G的范围以10G为步长自由选择。用户可以根据需要自定义购买。例如,2014年6月,一款上线仅4个月的App应用"MYOTee脸萌",下载量突破3 000万,而它的开发者是一个地道的90后团队,每月的IT支出就是在阿里云购买73元人民币的云服务费,这几乎是一笔可以忽略的成本。

在金融领域,P2P金融和众筹正动摇着大金融的根基。在过去,由于信息量很少、陈旧、不对称等因素,传统金融机构处理信息的成本很高,风控技术主要依赖于土地、房产抵押,所以传统金融机构更愿意为大企业、大项目的资金需求服务。其使用方式是通过编制信贷资金计划的方式,投放大块资金;而广大的小微企业的融资需求通常表现为"短、小、频、急",即期限短、金额小、频率高、用款需求急,传统金融机构的服务模式难以满足这样的需求,相关人员机构和IT系统也不支持。近年来银行推出的"循环授信"业务,有点按需贷款的味道,但还是受到门槛高、资金限额,以及使用期限短等方面的限制。

互联网,特别是移动互联网的发展,改变了企业、个人获取金融信息的方式,金融供需信息透明化,从而使P2P和众筹融资成为可能。P2P融资表现为:把网民的"碎片化"资金以某种方式整合起来,形成规模巨大的长尾市场,并直接投放到资金需求方,获取较高的收益。同时,让小微优质客户也能获得融资支持。众筹模式利用互联网和社交网络传播的特性,基于项目来发布资金需求,再集合碎片化资金以完成小微企业和创业项目的融资需求,这更符合金融C2B的特征,即按需取用。例如,2014年3月,阿里发布的"娱乐宝"产品通过向消费者发售产品进行融资,最终将所获资金投向阿里娱乐旗下的文化产业。此举让娱乐文化产业的投资变得全民皆可参与。

人力资源弹性使用,这不仅仅是人力外包。传统的人力资源外包是在较长的契约关系下,将企业内部分工作和职责外包。互联网进一步推动了更为灵活、职责更丰富的人力资源使用模式。例如,"云客服"打破了传统的客服中心外包的服务模式,以按时、按量、按交易额服务与计费,通过在线即时开通、客户关系管理实现商户远程对实体客服服务内容的管理与效果监控。物流发货人员外包的现象也十分普遍,发货员按单收费,商户省心省力还省钱。在其他方面,客服、摄影、模特、美工、设计、网店装修,甚至是代运营都可以灵活外包、协作。最重要的是,商家和外包服务商可以通过互联网实现业务、任务协同,使电商经营呈现出一种大规模社会化协作的状态。

　　总结来看，C2B 模式发迹于互联网为消费者赋能导致的 C 端的改变。正如 C. K. 普拉哈德在《消费者王朝》一书中写道的：消费者由孤陋寡闻变得见多识广，由分散孤立转变为广泛连接，由消极被动变得积极参与。目前中国有 6 亿多网民，其中 5 亿是手机用户；设想到 2020 年，8 亿的智能手机用户实时在线，那将形成巨大的黑洞效应，势必将工业经济下的传统产业全部卷入其中，并将其碎片化、解构掉，然后按照以"用户为中心"的商业逻辑重新组合。值得注意的是，这里"以用户为中心"的逻辑并不是产消割裂时代企业的自发行为，而是在技术可能性和市场力量倒逼下，消费者与企业的共同选择。企业与消费者将在研发、设计、生产、营销、客服等所有环节共同参与、共创价值，某种程度上 C2B 或可描述为 C&B，即"产消合一"模式。

　　在 C2B 模式下，各市场角色的关系将从"链式"转向"网状"。在传统意义上，处于控制地位的品牌商通过对外协作获取最佳资源、更高效率的同时，也向消费者和协作方出让权利。居于中心位置的角色转变为消费者，各市场主体通过数据分享实现实时协同，共同围绕消费者的需求匹配资源，完成任务。

　　展望未来，"按需配置商业资源"的 C2B 模式会更加普及。在这种模式下，供需高度匹配、资源高效利用、产品和服务价值更高、各市场主体也更加平等和谐，这对于中国传统产业的转型升级无疑具有重大意义。

（本文刊于《阿里商业评论·"互联网+"》，2015 年 4 月）

云端制：信息时代的组织模式

宋斐：阿里研究院资深专家

1908 年，哈佛商学院成立，并成为美国第一家可颁授 MBA（工商管理硕士）学位、传播现代管理知识的研究生院。同年，第一辆福特 T 型车问世。

1911 年，泰勒的《科学管理原理》正式出版，标志着"泰勒制"的逐步成熟，它至今仍是支撑现代社会组织运作的基本构件，被德鲁克认为是"美国对西方思想做出的最特殊的贡献之一"。

1913 年，福特在高地公园工厂创立了全世界第一条汽车流水装配线，标志着"福特制"的成熟。

1915 年 3 月 21 日，现代企业管理奠基人泰勒逝世。

正是"福特制 + 泰勒制"，锻造了工业时代美国经济在微观企业层面上最为坚实的内核，夯实了美国经济在 20 世纪的全球竞争力。从 20 世纪 20 年代起，"泰勒制"和"福特制"一起在美国各个工业部门得到了推广，也称为"产业合理化运动"。1890～1921 年，工人实际工资翻番，每周工作时间从 60 小时降至 50 小时。但在 1919～1929 年，劳动效率却提高了 43%。1860 年，美国工业产值占世界第四位，1913 年已占世界工业总产值的 1/3，超过了英法、德、日四国总和。历史学家所罗门·法布里坎特把这一时期生产率的快速提高归结为三个因素：一是大批量的生产方法；二是以泰勒制为代表的科学管理学说；三是更好更廉价的动力来源。

百年时光倏忽而过，现在全球已由工业时代加速转入信息时代。此时此刻，关于组织模式变革的真命题与大命题是什么？或者，借用加里·哈默的提问："在 21 世纪的前二三十年内，能够像 20 世纪早期那样，产生革命性的管理原理吗？"

157

关于"信息时代的组织模式",这一领域仍是一个行进中的故事。但近年来,关于未来组织的共识,以及组织变革的方向感,已有了很大的进展。在此,我们试图努力去放大那些真正具有未来指向意义的重要信号,从而对这一领域的演化进行更为清晰的梳理和界定。

反思:仅仅优化是不够的

企业家张瑞敏提到:"当前的企业和经济学界有一个现象就是,全世界都在学管理,但是现在大家都感觉往前走不动了。"

索尼董事长出井伸之曾感慨:"新一代基于互联网 DNA 的企业的核心能力在于利用新模式和新技术更加贴近消费者、深刻理解需求、高效分析信息并做出预判,所有传统的产品公司都只能沦为这种新型用户平台级公司的附庸,其衰落不是管理能扭转的。"

2010 年,与迈克尔·哈默合著《企业再造》一书的詹姆斯·钱皮反思说:"当今企业管理所涵盖的那些基础范畴的理论,已经没有太多可以创新的空间。"

《追求卓越》于 1982 年出版后,全球发行量高达千万册,但作者汤姆 J. 彼得斯在这本书出版 20 年之际,却写下了《真诚的忏悔》一文:"第一条新原则是什么?是GAK ⊖!这全是重大试验,是还在进行中的工作,是一个变化着的盛宴、一个实时的进化故事。有人告诉你他知道会出现什么吗?别信他!第二条原则是:SAV ⊜现在,很多人在担心如何清理这场由 .com 崩盘引起的过度混乱的局面……不管这些 .com 公司让我们付出什么代价,这些代价都是低廉的……过去 4 年我们学到的东西比商业史上任何时间学到的都要多。"

种种反思与困惑,并非始于 21 世纪。

早在 20 世纪 80、90 年代,僵化的科层制就受到了广泛的批评,发达国家也曾出现一波波大规模的管理思想与管理实践的创新和推广,如 Workflow(工作流管理)、Benchmarking(标杆管理)、BPR(业务流程再造)等。但人们似乎很难去证明:这些管理革新是否真的提升了企业的效率。

⊖ 即 God alone knows,意为'天知道'。
⊜ 即 screw around vigorously,意为'大胆闯'。

越来越多的人已经意识到，随着信息时代的加速到来，工业时代的组织管理范式正在走过成熟期，而仅仅进行组织管理上的优化，是远远不够的。

起点：思考维度与核心变量

在形塑和促动这一轮组织管理变革的各种因素中，核心变量是什么？应该从哪些维度去观察和思考？

第一，商业模式的转变是直接动因。与福特制相适应的是泰勒制。信息时代的C2B商业模式也必然要求新的组织管理模式与之相适应。因为，金字塔式的组织管理模式在根本上是无法快速、有效地与消费者互动的。海尔追求的"人单合一"就是员工与市场、与消费需求的融合。

第二，信息技术是促动组织变革的根本驱动力。权力的重要来源是信息的获取、处理、分发。最早的计算模式以大型机和小型机为中心，界面不友好，空闲时会浪费计算资源，无法激发用户的主动性。这些缺点正适应了工业时代典型的组织管理方式——命令与控制。随后出现了"客户机/服务器"计算模式，它的一大缺点是难以应对大量用户的并发请求，这其实刚好反映出了20世纪80年代被个人计算机赋能了的员工与企业集中管理体制之间的矛盾。到了今天，在"云（云计算）＋网（互联网）＋端（智能终端）"的计算模式下，开放性、分布式、对等性等技术特征必然也会映射到组织管理之中。

第三，互联网的文化基因不容忽视。如果只把互联网视为一种重大技术，或认为它的诞生过程中所内含的那些文化基因无须深究，那将是一个极大的疏失。正如卡斯特尔的研究所提及的："互联网的文化基因与'冷战'氛围相关，与早期黑客的那种合作使用资源的行为准则相关，与20世纪60年代西方校园文化相关，也与一种学术传统直接相关：追求科学的共同目标，优秀者会赢得声望和荣誉，同行评论必不可少，同时所有研究成果必须公开。"有了对互联网文化基因的梳理，我们才能够更好地理解互联网"人人参与"的理念、"端到端透明"的设计原则等。

第四，组织研究领域自身的小逻辑，也有着一定的影响。与自然科学不同，也与诸多社会科学不同，组织领域的研究，实践性很强，本身并不存在一个公认的终极范式。事实上，这一领域的发展节奏经常会在"管理时尚的概念创新驱动"（其中不乏似是而非、华而不实的观点与观念）和"现实问题驱动"之间来回转换。现在是应该回到

"现实问题驱动"上来的时候了：拒绝对大时代、大变革的无感状态，切实地关切那些来自现实的大命题、大问题。

真命题：信息时代的组织模式

基于上述思考维度，以下话题对于今天的组织管理变革非常重要。

组织变革的主流思想与核心隐喻：我们该持有怎样的基本隐喻去看待和思考未来组织的变革？

组织的原则：工业时代集中化、极大化、"被组织"的组织原则是否将迈向"柔性化、弱连接、小微化、自组织"的未来？

组织的结构与结构化：工业时代的金字塔体制广受指责，但远未全面崩塌，在未来它似乎仍将在很多领域发挥重要作用，那么未来的组织结构是什么？这一新结构将怎样持续地"生成－断裂－再生成"？

组织的边界与规模：企业与市场两分法将在多大程度上失效？小微之美又将如何成为可能？

个体的工作与生活：不再跟从大机器节奏的个体将迎来怎样的工作方式与生活方式？

……

以上问题可归纳为：在狭义上，与 C2B 商业模式相匹配的组织管理模式是什么？在广义上，信息时代的组织模式是什么？

原则与隐喻：生命化与网络化

企业组织是什么？

对于这类问题的答案，很多时候其实它是由我们习惯的"隐喻"、想象力和认知范式所决定的。

20 世纪 20 年代前后大规模生产方式日趋成熟，它的核心原则与特性——标准化、流水线、大规模、集中化开始向着社会经济的各类组织渗透，如企业、学校、政府等，与之对应的科层制组织管理体系也得以相伴而行。这些原则是如此之强大，以至于在很长时间里，它已经成了几乎所有组织和个人都熟知并自觉遵从的默认常识，统治、统摄、统一了工业时代的生产与消费、工作与生活、苦恼与欢乐。

钟表、流水线、金字塔，这些隐喻都在说明，工业时代无异于一台追求高效率的精准机器。到了今天，这种机械思维和隐喻开始受到生态、网络和复杂性思维的持续冲击。不要小看这一变化：当组织被隐喻为机器，个体就会被隐喻为螺丝钉；当组织被隐喻为骨骼，文化就会被隐喻为血液；当组织被隐喻为网络，个体就会被隐喻为节点。

首先，是生态化、生命化思维的广泛引入。凯文·凯利提醒说："我们开始认识到那些一度被比喻为活着的系统确实活着，不过，它们所拥有的是一种范围更大、定义更广的生命，我将之称为'超生命'。生物学定义的生命不过是超生命中的一个物种罢了。"梅拉妮·米歇尔也提到："如果你问 10 个生物学家什么是生命的 10 个要素，每次得到的答案都会不一样，可能大部分会包括自主、新陈代谢、自我复制、生存本能，还有进化和适应。"10 年前，这些隐喻恐怕很难成为主流的商业话语，但在今天，人们开始关注：互联网上那些看似无序的活动，何以能够实现有序的自组织，如维基百科；诸如蚂蚁协作般的互联网协作，在效率和成果上，又如何能够与组织严密的企业相媲美？

其次，是"网络"视角的普遍应用。20 世纪 70 年代之后，把单个组织描述为一种"网络"的视角就已出现。企业之间的协作也是如此。从交易成本视角来看，让人们意识到了企业（看得见的手）与市场（看不见的手）的边界。但人们又发现，它不能解释大量中间组织（握手）的存在，比如网络化的产业组织、长期缔约、特许经营等。从"供应链"到"价值网"等概念的更替，也说明"网络"视角在组织领域已应用多年。到了今天，随着消费者之间、消费者与企业之间、企业之间越来越广泛和深入地联网，这种话语体系已经越来越无所不在。

最后，是复杂系统视角在组织管理领域的逐步兴起。在尤尔亨看来，"管理 1.0＝层次体系"，即金字塔；"管理 2.0＝流行"，如"平衡计分卡""六西格玛"等。他认为："这些东西有时是正确的，有时却是错误的。它们推陈出新的速度比为小孩换尿布的速度还快"。而"管理 3.0＝复杂性"。波士顿咨询公司通过对 100 多家欧美上市公司的研究也发现，在过去 15 年间，这些公司的工作程序、垂直层级、协调机构和决策审批步骤等增加了 50%～350%；而在过去 50 年间，复杂性平均每年增加 6.7%！凯文·凯利在

《失控》一书中主张："有尊严地放手吧！"这本书给了互联网从业者一种模糊的暗示：不必困惑于互联网带来的复杂性，自然界的很多生态没有自上而下的管理，同样可以实现秩序。

生态、网络、复杂……这些视角，都是在底层的观念和隐喻的层面上，对旧有的组织管理范式展开撼动。

组织结构：大平台 + 小前端（个人）

"没有开始，没有结束，也没有中心，或者反之，到处都是开始，到处都是结束，到处都是中心。"凯文·凯利在《失控》中这样刻画他看到的"网络"。

以网络的视角来看企业，企业面对的实际上是三张正在形成中的"网"：消费者的个性化需求正在相互连接成一个动态的需求之网；企业之间的协作也走向了协同网的形态；单个企业、组织的内部结构被倒逼着要从过去那种以（每个部门和岗位）节点、职能为核心的、层级制的金字塔结构转变为一种以（满足消费者个性化需求）流程为核心的、网状的结构。

只有实现了这种结构上的转换与提升，企业才能够有效地实现自身内部的联网，以及企业与消费者之间的联网，由此也才能真正有效地感知、捕捉、响应和满足消费者的个性化需求。

外显结构：大平台 + 小前端

任何企业都面临着纵向控制、横向协同或集权控制、分权创新的难题。今天的互联网和云计算为这一老难题提供了新方法，就是以后端坚实的云平台（管理或服务平台 + 业务平台）去支持前端的灵活创新，并以"内部多个小前端"去实现与"外部多种个性化需求"的有效对接。这种"大平台 + 小前端"的结构已成为很多企业、组织变革的"原型"结构。

7天连锁酒店用 IT 把流程锁定，销售、服务、采购、财务等很多流程都通过标准化的方式去实施，在此基础上，再实施给店主赋权的"放羊式管理"。最终，7天连锁酒店做到了可以让分店店主自主决定几乎所有的事情：分店预算、经营指标、用人等。

网上服装品牌韩都衣舍每年可以发布几万个自有品牌的新款服装，极大地考验着它的应变能力。为此，它在内部实行鼓励员工自动自发创新的买手小组制，成立了上百个买手小组。买手小组独立核算且完全透明化，拥有很大的自主权，比如公司只会规定最低定价，而起订量、定价、生产数量、促销政策等则全部由买手小组自己决定。

苹果的 App Store、淘宝的网络零售平台等，结构也与此类似，其特征是分布式、自动自发、自治和参与式的治理等。

内在结构：组织网状化

"大平台 + 小前端"是一种外在的、显性的静态结构，隐性的、内在的动态结构则是组织的"动态网状化"。这一点在海尔得到了系统地实践。

为了满足互联网时代个性化的需求，海尔把 8 万多名员工努力转变为积极进取的2 000 多个自主经营体；将组织结构从"正三角"颠覆为"倒三角"；并进一步扁平化为节点闭环的动态网状组织。在海尔的变革中，每个节点都是一个开放的接口，连接着用户资源与海尔平台上的全球资源。

组织过程：自组织化

商业组织的组织方式，在过去通常被认为有两种主要形态："公司"这种组织方式依赖于看得见的科层制，需要付出的是内部管理成本；"市场"这种组织方式依赖于看不见的价格机制，付出的是外部交易成本。

"公司化"曾是 19 世纪末 20 世纪初的一场商业运动，公司由此成了社会结构的主要构件。大部分社会成员不是在这家公司里，就是在那家公司里，个人大都必须要通过公司才能更好地参与市场价值的交换。今天，这种公司占据主导地位的格局已开始受到冲击。

这主要是因为互联网让跨越企业边界的大规模协作成为可能。一方面，公司中的很多商业流程漂移到了企业边界之外，也就是外包的普遍化。另一方面，自发、自主、快速聚散的组织共同体大量出现，即克莱·舍基在《未来是湿的》一书中所讲的"无组织的组织力量"：凭爱好、兴趣，快速聚散，展开分享、合作乃至集体行动。Linux系统、维基百科、快速聚散的"闪客"、字幕组、由网民而非编辑决定新闻排列的掘客等，都是如此。

组织仍将存在，但公司可能越来越弱化。"社会性"仍然是我们的基本属性，但我们把自身能力与市场连接、实现自我价值的方式却与以往大不一样了。

组织边界：开放化

虽然互联网帮助企业降低了内部管理成本和外部交易成本，但后者的下降速度却远快于前者。这种内外下降速度的不一致带来了一个重要的结果：公司这种组织方式的效率大打折扣，公司与市场之间的那堵墙也因此松动了。

从价值链的视角来看，在研发、设计、制造等很多个商业环节都出现了一种突破企业边界、展开社会化协作的大趋势。宝洁公司注意到，虽然自己拥有 8 500 名研究员，但公司外部还存在着 150 万名类似的研究人员！为了吸引全球的研究人员在业余时间分享和贡献他们的才智，宝洁公司把内部员工解决不了的问题放到网上，并表明谁能给出解决方案就获得报酬。这正是研发环节的开放。

从企业与消费者的关系来看，此前的模式是由企业向消费者单向地交付价值，而在 C2B 模式下，价值将由消费者与企业共同创造。如消费者的点评、参与设计、个性化定制等。

从产业组织的角度来看，越来越多的产业在走向"云平台 + 小前端"的组织方式。换句话说，在很多产业里，众多小型机构，事实上已经把自身的很多职能留给了平台，催化出了更多专业的服务商，从而实现了社会化的大分工。在金融业里，同样也正在发生这样的产业重构：蚂蚁金服等平台的快速发展就是一例。

组织规模：小微化

"小微化"的趋势并非始于今日。有资料显示，在德国，全部工业企业的平均规模在 1977 年前呈上升趋势，此后则呈下降趋势。在法国，无论是 10 人还是 20 人以上的工业企业的平均规模，在 1977 年后都出现了下降。英国企业规模的下降从 1968 年开始，日本和美国则是自 1967 年起，企业的平均规模就开始下降了。

对于企业规模的下降，有社会化物流成本的下降、流通业效率的提升、产品模块化程度的提高、政策法规的开放等原因。到今天，互联网再一次加速了"小微化"的趋势，随着平台技术、商业流程、数据集成度的不断提高，小前端企业的"大而全"已经越来越没有必要了。

在工业时代占据主导地位的是"小品种、大批量"的规模经济，与之相应，组织也在持续走向极大化。1929 年，资产达 10 亿美元以上的美国巨型企业约 65 家，到 1988 年这一数字增至 466 家。再如现今的沃尔玛，它在全球的雇员超过了 200 万人！但在信息时代，随着"多品种、小批量"的范围经济正在很多个行业里不断扩展自己的空间，更多组织的规模也相应地在逐步走向小微化了。

个体：专家化与柔性化

公司这种组织方式已经存在一个多世纪了。在未来，个体的工作与生活能否得到根本性的改进？这对于所谓的"管理"又意味着什么？

德鲁克曾预测，知识工作者将很快成为发达国家中最大的族群。事实正是如此。20 世纪 50、60 年代的 IT 应用，首先让后端财务人员的工作方式发生了转变。80 年代个人计算机的普及，几乎革命了所有知识工作者的工作方式。到今天的 IT 消费化浪潮——平板电脑、智能手机，以及云计算对消弭数字鸿沟的极大推进，企业内部所有部门和员工工作的 IT 化、信息化、知识化将基本完成。

在互联网时代，人人都将是知识工作者，也都是某个领域的专家，这将让个体的工作与生活更加柔性化。

一方面，个体的潜能将得到极大释放，每个人的特长都可以方便地在市场上"兑现"，而不一定要全职加入某一企业组织，才能实现个人能力与市场的交换。另一方面，工业时代那种工作、生活、学习割裂，个体无法柔性安排工作与生活的状态也将得到很大改变，类似于工作、生活、学习一体化的 SOHO 式工作、弹性工作等新形态将更为普遍。

个体的柔性化、专家化给企业管理带来了巨大挑战。所谓"管理"，其价值支撑就在于"协调、监督"。但在今天这种大规模协作、开放社区、人人都是专家、大数据透明化的环境中，"管理"的价值支撑将去哪里寻找呢？

对于个体来说，"人人都是专家"的前景听上去的确令人心仪，但这枚硬币还有着它坚硬的另一面："人人也都必须成为专家"！这既意味着某一能力的优异，也意味着要像专家那样"每个人都是自己的 CEO"——自我驱动、自我监督、自我管理、自我提升。

这些问题其实都算不上新话题，但它们的确比任何时候都更为真实了！

新管理思想还在潮涌潮退，新管理理念还在摇摆不定，新管理工具也仍处于大浪淘沙的荡涤之中。关于互联网必将带来组织管理模式变革这一话题，大家已经讨论了十多年。今天是否已经到了可以进行阶段性总结的时候了呢？

从长远来看，组织模式的变革不只是商业话题，它也与企业、社会和政府都紧密相关，比如从电子政务到互联网政务、云政务、大数据治理等。回到前文加里·哈默的提问："21 世纪的前二三十年内，能够像 20 世纪早期那样，产生革命性的管理原理吗？"他对此充满了期待，也满怀信心："21 世纪的商业领袖们所面临的挑战与 100 年前工业先驱们遇见的一样。我们的确受前人束缚，并醉心于当前的管理，但是人类能够创造出现代的工业组织，也一定能够重新改写它。"

（本文刊于《阿里商业评论·"互联网 +"》，2015 年 4 月）

5 200 万、9.36 亿、33.6 亿、191 亿、362 亿、571 亿，"双 11"大促销售额的逐年暴增着实令实体零售商恐慌，他们翘首观望着阿里、京东、苏宁、1 号店等几大平台共同塑造的"网购神话"，无尽感慨油然而发：在电商势如破竹的强劲冲击之下，中国零售业的结构性变革时代真的到来了！

2014 年，我国社会消费品零售总额为 262 394 亿元，比上年名义增长 12.0%，扣除价格因素外实际增长 10.9%。特别值得关注的是，2014 年全年全国网上零售额为 27 898 亿元，比上年增长 49.7%。另外，阿里巴巴股价七连涨，市值达到 2 506.74 亿美元，超越沃尔玛的 2 458.47 亿美元，问鼎世界最大零售商宝座。英国《金融时报》表示，阿里巴巴已经在市值这个重要指标上超越沃尔玛，跻身全球十大最具价值公司的行列。

阿里巴巴，这个以中国强大内需为支撑的电商平台，上市短短 50 多天就挑战了有着 50 多年历史的世界零售巨头，行业内的专家更是坦言："这意味着一个时代的结束，更意味着一个时代的开始。"

在这样一个看似混乱的非常时期，实体零售究竟该如何驻守自己的一方城池呢？

摸准消费者需求变化之脉

深入分析 2014 年"双 11"大促当天的消费群体可发现，22 岁及以下的年轻人网购销售总额同比增长最快。伴随着 90 后消费军的生猛崛起，这批从小就开始接触互联网的群体更加青睐于 App 市场，可谓名副其实的互联网原住民。

中国网购群体经历了从边缘到主流，从大城市到乡村的扩散过程。网购人群继续向老少年龄段纵深渗透，逐步从主流走向全民，这标志着我国网购人群进入"从主流向全民扩散"的阶段。把淘宝/天猫网购人群按年龄和性别细分成10个群体，2014年上半年，50岁以上以及22岁及以下的两组老少年龄段呈现了爆发式增长，同比增长均超过100%。

不得不感叹，科技的迅猛发展与高度市场化的社会经济使人们的生活方式发生了翻天覆地的变化，中国居民的整体消费结构已从"温饱型"向"小康型"转变，并且部分已经跨入"富裕型"行列，且这部分人群占比越来越大。消费者的消费目的也发生了改变，原本简单的消费已经不能满足大众需求，人们日益追求复杂的消费方式，个性化消费更加符合当代消费心理。"喜欢我就买"成为消费者未来消费的准则，在这种愈加自我的购买决策驱动力之下，对产品方面有了新的要求，那就是要满足消费者感性上的渴求，打造与消费者理想概念相契合的特定商品和服务。进入感性消费时代，消费者关心的并不是产品在大众中的口碑，而是产品对自己需求的满足程度，能否带给自己愉悦的购物体验与个性化的实现等。

有数据显示，消费者对于购物的预期有了很大的提升，71%的消费者期待能从网上看到店内的货品，50%的消费者期望能从网上购买而到店内取货。在智能时代，碎片化时间给消费者的手机、Pad购物等带来了更多的可能，他们的购物主动权无限扩大，除了可以在网上购买商品外，在商店内使用手机购物的方式也在逐步流行起来。另外，消费者的消费心理与行为更日趋成熟，理性化消费、保护自身合法权益的消费意识不断增强。消费者更注意如何在购买活动中防范风险，一旦他们的利益受到侵害，更懂得通过合法的途径保护自身权益。

国际市场的变化使消费者购买行为有了更多的选择，尤其是随着现代交通与通信技术的迅猛发展，"地球村"的概念已被早早提出并发挥着它的作用。空间的缩小加速了国际交流，更加先进的消费方式、消费观念被迅速传播，更多的产品与购物体验给了消费者更加广泛的选择。面对国际市场上的各国产品，面对日异月新的产品更替，面对各民族、国家的价值观念、生活方式的融合，国内零售企业的发展正面临着颠覆性创新的难题。

让顾客玩尽兴，你就赢了——前台经营顾客

在中国电商布局、崛起的这几年，中国实体零售企业又在做些什么呢？

首先，它们将大量的时间、财物、精力投放到店面扩张上，期望达到用规模创销售的目的；其次，招商引资没有停歇，经营产品倒是齐全，从婴儿到老年人用品样样俱全，没有任何的差异化与细分。于是就在这短短几年的时间之内，随着经济增长放缓，以及电商冲击等因素的影响，零售业利润接连下滑，部分零售商选择关闭门店，并购事件迭出。部分企业向电商转型，但是真正成功的案例少之又少。好在经过几年的摸索，实体零售逐步认识到，在电商时代，消费者可选择的商品更加全面、更加细分，如何回归到零售的本质才是中国实体零售业自我拯救最需要思考的问题。

移动互联网时代的顾客消费行为已经改变，建立以顾客为中心的思维模式迫在眉睫，全渠道经营、供应链经营、O2O等成为重点的发展方向。对于实体零售业来说，加强对消费者的研究，以消费者为中心，通过消费者的需求进行自身的定位，从而实现企业的差异化，才是下一步发展的重中之重。

当交易的核心从物转变成人，交易发生的理由也从使用变成社交。由互联网改变的消费者的消费习惯已经渗透到各个行业，实体门店要做到"好玩、有趣"，才能吸引更多的顾客前来体验。其实，现今已经有部分实体店正在落实这一点，门店内新增了一些游戏性、趣味性的元素，使店面显得更加温馨和人性化。在相机专柜，除去各种相机的展品，后期还应开展摄影的免费培训、比赛等活动，以吸引更多的消费者前来购买体验。

个性化在现代营销过程中显得尤为重要，同时还要使它变得好玩，最重要的是要将消费者的兴趣完全开发出来，来看一个经典案例：柳传志在40岁时放弃"铁饭碗"，下海创业，创建联想；50岁时，柳传志率领联想上市，打造出了一支少帅团队；60岁时，柳传志收购IBM个人电脑业务，完成中国企业史上最大的海外并购，联想成为世界500强；70岁时，柳传志回归初心，进军农业，推出"柳桃"。

据柳传志介绍，初看到这些猕猴桃，个大饱满招人爱，肯定是个能争气有脸面的猕猴桃，心中一喜便给它们冠了自家姓，从此便有了"柳桃"。为了探询柳桃电商营销之道，柳传志广发英雄帖，点名五少侠：白鸦（口袋通创始人、CEO）、雕爷（阿芙精油、雕爷牛腩等多家企业创始人）、同道大叔（第一个将星座话题全民娱乐化的微博草根大V、娱乐传播意见领袖）、王珂（口袋购物、微店创始人、CEO）、王兴（美团网创始人、CEO）。于是，经过柳传志一系列"不耻下问"的举动，并与这些网络名人合作，"柳桃"立刻声名大噪，在消费者观念中有了先入为主的优势，之后再借助互联网进行一系列的营销活动，具有这种逻辑思维的营销模式便成功了。

在互联网时代，随着连接成本的降低，每个个体的自我意识越来越强。因此，移动互联网玩法的核心就是用户体验。

商品的售后服务同样是当下吸住消费者的利器。通过微信、微博的互动和电话回访等方式，商家建立起完善的顾客评估系统，定期提醒顾客对产品进行护理、产品的使用期限等，这都将给顾客带来温馨满足的体验，使商家取得意想不到的营销效果。

建立新时代的供应链——后台经营供应链

不管是百货店的"联营制"，还是超市的"前台毛利 + 后台毛利"的赢利模式，其共同的弱点就是"毛利率封顶"。如果一种商业模式的利润来源只是供应商的费用和销售提成，其风险性和不可持续性就不言自明。下面来看一组对比：

2013 年 7 月 1 日～2014 年 6 月 30 日，大润发集团继续在中国各地拓展业务，开设 43 家新店铺，毛利润为 105.23 亿元，较上年同期增加 14%。毛利率由上年同期的 20.7% 增长 1.2 个百分点至 21.9%。2013 年大润发单店的平均销售额为 3.3 亿元，按照平均额来计算，其 1 家门店的销售额相当于家乐福 1.6 家门店的销售额，同时是沃尔玛单店销售额的 2.2 倍。

某地区零售业龙头企业找出与大润发比价商品共计 234 种，主要集中在洗化类、快消品类、母婴类以及纺织类中的时尚商品。

通过店面价格比对，他们发现大润发里有绝对价格优势的商品占比为 55%，优势持平商品占比为 42%。大润发的优势商品主要集中在快消品中的冲调类、粮油类与白酒类，以及母婴食品类、进口牛奶与纺织品类。综合分析，大润发的优势商品主要集中在直供厂商品牌。

大润发的采购策略主要体现在如下三个方面。

采购策略一：选择市场需求量大、增长趋势大的类群商品，如进口液体奶、家居清洁洗衣液类等。

采购策略二：选择有价格空间或价格空间模糊的类群商品，如进口橄榄油、定牌加工商品等。

采购策略三：针对不同区域、不同城市综合体，提供具有市场价格优势的类群商品，打造其 EPP（高效率促销管理）商品优势类群。

在新时代经济环境的冲击下，家乐福同样在供应链方面做出了20年来最大的变革：其一，建立家乐福的物流保障体系，改现有的由供应商送货上门的供应链网络为配送中心物流模式，提升供应效率；其二，发挥集中采购的优势，加强商品采购业务的专业性；其三，实行采购和门店管理运营分离，让之前家乐福的兼顾采购和管理运营门店的区域经理让渡商品采购的职责，从而成为专业的门店管理运营者，并由区域采购中心专司采购，既令商品采购更高效、专业，同时也保持了采购运营的本地化。

实体零售企业运用新技术整合供应链，加速全渠道的布局，使线上销售渠道和线下销售渠道互为补充，从而让两个渠道的销售额都可得到提升。

总之，中国零售业将不可避免地发生内生性变革，以提高自身的实力和与电商竞争的能力。

不是网商太强，而是实体零售太弱。网上销售与实体零售并不存在明显的成本优劣势，而是成本结构迥异。打败实体零售的并非网购，而是实体零售企业自身！中国的实体零售行业尽享改革开放以来经济高速发展带来的丰厚利润，加上有地方保护，使得零售企业固步自封、分兵割据、武功尽退，从而在互联网及新技术的浪潮面前不堪一击。

中国经济仍处于稳定发展的阶段，消费升级远未结束。新一届政府提出的政治路线清晰，经济政策稳健。深化改革的措施将进一步释放社会生产力。反腐倡廉、简政放权、依法治国、深化金融改革等政策将为中国经济长期稳健发展提供根本性动力。劳动报酬在初次分配当中的比重不断提升，社会保障体系不断完善，民众对未来稳定收入的预期将不断加强，由消费升级驱动的消费增长动力巨大。

网购等渠道的蓬勃发展将促使实体零售业发生内生性变革。实体零售业对线上业务的发展，从刚开始看不到、看不起到看不懂或学不会，从集体迷失到沮丧绝望。正是这次势不可当的互联网浪潮，激发了实体零售业，至少是部分企业内部的创新变革：以客为先，真正满足客户需求；供应链重组，减少代理层级；线上线下同价；引入新技术，拥抱互联网；O2O泛渠道等。

线上线下并非对立更非替代，融合分享是大趋势。网购也好，实体也罢，客户是同样的，商业原理是相通的。割裂与对立必将导致线上网购与线下实体两败俱伤，只有实现融合与分享，才能共赢共进。

（本文刊于《阿里商业评论·"互联网＋"》，2015年4月）

梅开二度：传统产业集群的线上转型

1688 "产业带" 项目组

在讨论产业集群转型之前，我们有必要先回顾一下产业集群的发展轨迹。

在经济全球化的背景下，产业集群自发形成于民间。

改革开放初期，在东南沿海地区的乡镇、村级出现了一批产权属集体所有的乡镇企业，其中绝大多数为中小企业，产品包罗万象：日用百货、小五金、小商品、家用电器、木器家具、皮革塑料制品、农副产品加工、服装衣帽鞋袜等，往往是在一个村或一个镇形成多家生产同类产品的企业，企业集聚现象由此形成。

随着改革开放的深入，产业集群从民间层面走进政府视野，逐渐发展出"一县一品""一乡一品"或"一镇一品"的地方特色。继而，核心产业的集聚推动了上下游关联产业的发展，也带动了第三产业的发展。

截至目前，全国各类产业集群数估计有千个，行业覆盖广，经济规模大，显著推动了国民经济，尤其是地方经济的发展。《纽约时报》曾对中国做了这样的报道："从纽约到东京的买主希望能够一次性采购 50 万双袜子、30 万条领带，或 5 万件 36B 的胸罩……中国强大的新型专业化城镇越来越成为最适合下订单的地方……在那里，集群或网络中的企业相互提供原材料和零部件，发展技术，共享集中供应中心的便利。"

产业集群的发展带来了大量的就业机会。在江苏扬州杭集镇 36 平方公里的范围内，汇集了 80 多家牙刷生产企业和 1 600 多家牙刷相关企业，两万多人从事与牙刷生产相关的工作。2001 年 6 月，浙江省政策研究室对全省的产业集群进行了全面的调查，结果表明，在 88 个县市区中，有 85 个县市区形成了 800 多个产业集群，分布于纺织、制衣、制笔、电器、机械制造、医药等 175 个大小行业，有工业企业 23.7 万家，吸纳就业人员 380.1 万人。在诸暨的大唐镇，从事袜业的企业有 1 万多家；在嘉兴市，个体商户和私营企业合计有 15 万个。

从产地地图上看，产业集群的发展存在着显著的区域差异。

1. 形成产业集群背后的主要推动力量不同

依靠企业家精神发展起来的特色集群，如浙江温州打火机、广东中山小榄的五金；依靠当地资源形成和发展的产业集群，如河南漯河的食品加工、贵州的电矿产业；依靠外部市场形成和发展的产业集群，如福建晋江的制鞋、中山沙溪的休闲装；配套大型企业形成和发展的一批产业集群，如山东青岛海尔集团的相关企业群；通过引进外资，在"三来一补"基础上形成的外向型加工业集群，主要分布在长三角、珠三角和环渤海经济圈等地区。

另外，还有在中心城市区出现的都市型产业集群、依靠高校资源和科技人员创业自发形成的产业集群、东部往西部转移型产业集群、政府规划下发展的产业集群等。

2. 产业集群地域分布不均衡

在浙江和广东两省，产业集群分布最为密集，特点也最鲜明，发展速度和水平也高于其他地区的同类集群，但也存在人才竞争激烈等问题。

而在广大的中西部地区，只有零星的产业集群存在，且发展的规模和水平普遍较东部地区落后，但地区资源丰富，商机巨大。

3. 政府对产业集群的发展有重要作用

在产业集群发展中，政府扮演着重要角色，尤其是在产业集群发展的初期阶段，政府的主要作用是建设大量的基础设施，推行诸多相关的优惠政策，创造一个优良的集群外部环境。不管是对传统的制造业产业集群，还是对高新技术产业集群的产生和发展，政府组织都是一个很重要的因素。

造成产业集群区域差异的根本原因是，各地改革的力度和深度有较为明显的差异，市场发育水平也有较大的差异。各地发展市场经济的一个重要措施是建设各类专业市场。中国批发市场起源于 20 世纪 80 年代，90 年代进入快速发展时期。巨大的卖方市场促使全国各个省市纷纷赶建批发市场。截至 2005 年，在工商部门登记的各类商品市场超过 95 000 家，上规模的各类批发市场有 12 000 多家。批发市场一度成了经济风向标。

批发市场一路高歌猛进，但在 2006 年，先行者们开始有了烦恼，一些曾经闻名全国的专业市场受产业配套缺乏、后继空间不足、功能布局不合理等因素掣肘，地位岌岌可危。当时有记者对全国 50 个传统专业市场进行调查，而认为自身在发展上"没有任何困难"的日用消费品企业，仅占总数的 20.5%。

在产业集群的演进过程中，我国曾经发生过两次大的创业浪潮，新兴企业集体涌现。一是改革开放初期以个体户为代表的创业浪潮，二是 1992 年开始的下海热。而今，随着电子商务的日益普及，新一轮更大规模的集体创业浪潮再次涌动。

2007 年，随着电子商务服务业的发展，阿里巴巴带动的"网商"群体开始受到社会广泛的关注，网商规模在这一阶段有了爆发式增长。在《2007 中国网商发展研究报告》中，阿里巴巴集团副总裁梁春晓认为，"网商崛起"的出现，表明我国电子商务的发展开始有了主流化的进程，继"浮现、立足、崛起"三个阶段之后，网商世界下一阶段的主题将是"生态化"。电子商务平台催生网商集群，强大的电子商务平台体系则是未来商业社会的基础设施。

2012 年天猫和淘宝"双 11"大促，支付宝交易规模达 191 亿元，接近 2011 年同期 52 亿元的 3.7 倍，远超同年美国"网络星期一"全天销售额（约 94 亿元）。在 C 类零售平台狂欢的同时，当时线下的 B 类企业在第一波电子商务的造势下已经触网，线下批发市场等流通渠道也受到 C2C、B2C 带来的消费变革的牵动。1688.com 开始了从信息交互平台向在线交易服务平台的升级转型，管理层开始思考：流通产业的格局将会如何发展？什么是变的，什么是不变的？ 1688.com 要如何自处？我们在变革中如何创造价值？

当时有几个基本的判断：

- 要打造一个良性共赢的生态，创造无数个共享互通的中小平台，让懂得互联网的人能够加进来一起来玩。
- 源头产业聚集地上网，是首先需要抓住的根本。
- 专业市场将会面临大浪淘沙的过程，我们有义务去探索线下线上一体化的模式，探索专业市场转型的机会。
- 政府、各地的商盟、协会类组织都有很好的地缘影响力，与 1688 一起，可共同推动产业加速向前发展。

阿里巴巴中国产业带项目正是在此时推出，宗旨是打造新型的 CBBS（4 个字母分别代表消费者、分销商、制造商、生态服务体系）电子商务生态系统。阿里巴巴联合当地政府、市场方、运营商、服务商、产业基地和专业市场等，通过线上线下结合的模式，协助当地政府搭建本地特色化的电子商务平台，量身定制个性化站点，突显当地产业特色和优势，策划举办针对签约产业带的营销专场活动，全方位扶持当地产业电子商务的发展，帮助当地企业创造更好的电子商务环境和条件。

【案例 1】打造线上特色产业集群—"童装名镇"织里首发

2012 年 10 月 9 日，阿里巴巴小企业业务事业群与浙江湖州的"童装名镇"织里镇达成合作意向，双方将共同打造"中国童装产业示范基地"。

据阿里巴巴交易数据显示，织里镇在阿里巴巴网站上的注册卖家达到了 1 037 家，其中会员卖家有 902 家，而 85% 的注册卖家从事童装生意。在销售旺季日均交易总额超过 200 万元，全年交易总额在 3.5 亿元左右，电商化已成为织里童装产业转型升级的重要途径之一。

"织里产业带"上线后的短短两个月里，核心供应商数就翻了一番，在线交易额增长了 302%。目前已有 2 700 家企业入驻产业带。在童装类目上，仅织里童装销售额就达每日 470 万元，超过广东全省在阿里巴巴上的童装交易额。2013 年，以童装为主的浙江织里产业带销售额超过 20 亿元，在全国排名第一。

项目合作同时推动了线下电子商务示范基地的建立，全面推动当地企业普遍涉足电子商务，优化本地企业的电子商务交易服务环境，推动特色产业和名牌产品的线上交易，带动电子商务整个核心产业集群的发展。同时，结合阿里商学院和淘宝大学等举办的专业培训，迅速打通企业里电子商务的通道，带动传统行业从采购到销售的转型升级，为企业实实在在地谋利益。

【案例 2】"义乌现象"—义乌产业带上线

2013 年 10 月 20 日，在第 19 届中国义乌国际小商品博览会新闻发布会上，阿里研究中心发布了《义乌现象—从一个市场的转型到县域电子商务经济体的浮现》研究报告，称在国际金融危机后，全球加快进入信息时代，以外向型经济为主的义乌主动求变，全面拥抱电子商务，促进了"义乌现象"的形成，并成为国内传统交易市场和县域经济转型的典范。

作为中国最发达的县域经济代表，义乌在这轮新商业浪潮中也站到了"潮头"。近年来，义乌的电子商务异军突起，逐渐成为推动义乌传统经济增长和升级的重要引擎。

电子商务的"义乌现象"也由此诞生。

义乌已经成为我国县域地区电子商务的领头羊。据阿里研究中心统计,截至2013年6月底,注册地在义乌的淘宝卖家(含天猫)账户已达10万个,这意味着,义乌淘宝卖家账户的数量已经超过义乌国际商贸城的商户数量(7万家左右),成为义乌最大的商人群体。综合诚信通、速卖通等多个平台上的数据,截至2013年上半年,义乌地区网商在各大电子商务平台上的账户总数已经达到21.37万。"这只是保守估计,义乌网商的人数可能更多。"阿里研究中心高级专家陈亮表示。

2014年3月,"义乌产业带"正式上线,同年,在1688.com举行的春季采购批发节上,义乌在线产业带展示了"世界超市"的实力——单日成交额突破6.92亿元!在已入驻1688.com上的101个在线产业带中排名第一。这一成交额也约是义乌所有商家线下单日成交额的3倍。1688在线产业带的相关负责人表示,产业带项目承担着阿里巴巴集团改造优势产地、延伸集群优势、激活电商生态的重任。义乌中国小商品城正式签约入驻在线产业带之后,1688.com通过大数据找出采购商最想要的义乌企业,在"3·21"大促前,就将他们邀约到采购商家门前,举办供需见面会、提供样品等现场交流,这促成了同日义乌惊人的线上成交额。

(本文刊于《阿里商业评论·"互联网+"》,2015年4月)

电子商务是互联网与实体经济的深度融合，不仅提升了流通业的效率和水平，改变了流通业的形态和格局，还通过更快速的数据传导机制，将下游市场需求与上游生产更紧密地结合起来，倒逼制造业的转型升级，并催生富有中国特色的工业 4.0。

产业互联网呈现"逆向"的过程

互联网对制造业的影响不应该用割裂的视角来看，而应该将其放在整个产业互联网化的过程中来观察。传统产业的互联网化呈现"逆向"渐进的态势：从消费需求端出发，一直往上游倒逼。在这里，互联网化的实质是在线化和数据化，其核心是交易环节的在线化。只有交易在线化，供求两方面的数据才可以自然沉淀下来，形成活的数据，可随时被调用和挖掘。同时，在线化数据的流动性最强，不会像以往一样仅仅封闭在某个部门或企业内部。在线的数据随时可以在产业上下游、协作主体之间以最低的成本流动和交换。数据只有流动起来，其价值才能得以最大限度地发挥出来。

在过去的 10 年里，传统产业的"逆向"互联网化（见图 5-2），在企业价值链层面表现为各个环节的互联网化：从消费者在线开始到广告营销、零售，再到批发和分销，最后到生产制造，一直追溯到上游的原材料和生产装备。从产业层面看，互联网化表现为各个产业的互联网化：广告业、零售业、批发市场、制造业和装备制造业的逐步演化过程。在此过程中，作为生产性服务业的物流、金融业也跟着出现了互联网化的趋势，各个环节的数据占比也是依次递减的。

最先互联网化的是消费者。截至 2014 年底，我国网民规模达 6.49 亿，互联网普及率为 47.9%（这个数据可看作是中国人口的互联网化程度）。其中，网络购物用户为

3.61 亿，网民使用网络购物的比例升至 55.7%，网购在全国居民中的渗透率也达到了
26.67%。

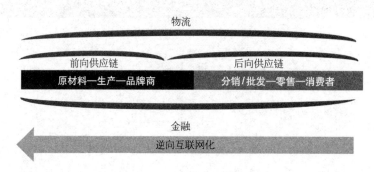

图 5-2　产业互联网化的"逆向"过程

　　广告营销环节是最早互联网化的商业环节。根据易观国际的数据，2014 年，我国
互联网广告产业规模达到 1 535 亿元，占整体广告产业市场份额的 28%，这个数据在
某种程度上可以看成广告行业互联网化的程度。

　　其次是零售环节的互联网化。2014 年，我国网上零售额同比增长 49.7%，达到 2.8
万亿元，占同期社会零售总额的 10.6%。这也基本说明了零售业互联网化的比重。

　　再往下是批发和分销环节的互联网化。其中包括传统的 B2B 网站纷纷从信息平
台向交易平台转型，推动在线批发，以及传统企业大量开展网络分销业务。例如，
2014 年 7 月在港交所挂牌的电子元器件 B2B 网站"科通芯城"走的是纯线上交易模
式，2014 年该公司的交易规模约 80 亿元；阿里巴巴的内贸批发平台——1688.com 在
2014 年 6 月之前的 12 个月内，其在线批发规模达到 227 亿美元（约 1 400 亿元）。全
国批发、分销市场的互联网化占比估计为 1% ~ 2%。

　　最后是生产制造环节，主要表现为两个方面：一是个性化倒逼生产制造柔性化，
比如大规模个性化定制；二是需求端、零售端与制造业的在线连接。

制造业转型升级的内涵与误区

　　关于中国制造业的转型升级，业界一直存在两个常见的误区。一是"微笑曲线"
误区，认为制造业没有吸引力。在这一思想的指导下，中国制造业的转型升级必须向
价值链高端延伸，走品牌化或者研发、设计的道路。而在现实中，不管在理论上，还

是实践中都存在相反的例证。比如，2004年日本索尼中村研究所所长中村末广就提出了"武藏曲线"（一种与"微笑曲线"相反的拱形曲线）中真正的最丰厚的利润源是"制造"。在实践中我们也看到了很多制造业的成功案例。

第二个误区是"机器换人"或者包括物联网、传感器在内的各类高大上的技术改造思路。这种思路之所以错误，是因为技术改造着眼于局部效率的改善，不一定能提升企业的整体效率，如果没有与市场、客户紧密连接，技术改造带来的效果将难以显现。同时，中国99%的中小微企业面临资金短缺、订单波动、人才匮乏等诸多困难，实施高额技改风险较大。

我们认为，整套生产管理体系的革新是制造业转型升级的关键所在，这包括物联网、机器人、互联网等技术的投入。回顾世界百年制造业历史，我们发现制造业的重大革命主要是来自生产方式以及管理思想的变革。比如，亨利·福特的流水线生产、大野耐一的"丰田式生产方式（TPS）"和高德拉特的"制约要素理论（TOC）"，它们在实践中由于产生了切实的经济绩效而影响了世界制造业。日本丰田汽车凭借TPS生产方式取得了惊人的业绩：1982年，丰田汽车公司人均利润为美国通用汽车公司的10倍；2005年，赢利高达114亿美元，超过其他所有大汽车制造商赢利的总和。

中国制造业目前面临的最大问题并不是技术水平差或生产效率低下，而更多的是生产与市场的脱节，以及供应链上各个环节的停顿与积压。例如，产能过剩、设备闲置、生产周期长、新产品开发慢、产品不适销、库存积压等问题。中国制造业的转型升级应当摒弃"局部优化"的技术改造思路。无论是消费品，还是工业品生产制造，只有从市场需求—生产—采购的供应链整体效益出发，才可能探索出正确的路径。

电子商务如何倒逼制造业转型

电子商务作为完全基于互联网的经济交易活动，天生就具备"在线化、数据化"的特征和优势。互联网大大削减了产销之间的信息不对称，加速了生产端与市场需求端的紧密连接，并催生出一套新的商业模式——C2B模式，即消费者驱动的商业模式。C2B商业模式要求生产制造系统具备高度柔性化、个性化，以及能快速响应市场等特性。这恰恰是制造业转型升级的方向。

传统B2C模式的本质是一种推动式的生产方式，生产商追求大规模、低成本生产，然后通过大众营销和分销系统，把商品推向市场。它能在供给短缺时代大获成功，也会在生产普遍过剩的时代陷入困境。这也是目前中国制造业举步维艰的大背景。基于电子商务的 C2B 模式是一种需求拉动型生产方式：互联网、大数据技术使需求数据、信息得以迅捷地传达给生产者和品牌商。生产商根据市场的需求变化组织物料采购、生产制造和物流配送。同时，通过技术手段和组织变革，使商品品种增多、生产批量变小、反应速度加快，最终变成柔性化的供应链系统。对于企业而言，柔性化供应链的最大收益在于把握销售机会，同时又不至于造成库存风险。

目前，在电子商务领域，柔性化生产正在加速推进。

【案例1】共创供应链的价值

广东东莞共创供应链于 2013 年下半年成立，是专门瞄准服装电商"小、多、快、柔"的需求而设立的柔性供应链服务商，目前主要服务于韩都衣舍、欧莎等顶级商家。东莞的共创供应链为了适应服装电商"小、多、快"的需求变化，以数据全流程贯通和共享为基础，通过 IT 系统、管理方法、设备、技术和人员等 5 个要素对生产线、生产模式进行了彻底的改造，实现了"可大可小"的真正柔性化生产。

柔性化生产已对下游的品牌商产生了巨大的价值。一个典型的应用场景是：韩都衣舍每周上新 100 多款，首单都是 50~100 件的小批量，以测试市场；品牌商通过淘宝平台上消费者的点击、收藏、购物车数据，对消费偏好和销售数据进行精准预测，同时，这些数据可实时传递给生产车间；通过建立工厂与品牌商之间的动态补货生产系统——ERP（企业资源规划）系统，工厂就可以根据销售和库存情况，进行物料和产能准备；出现热销款、爆款的时候，车间快速翻单，多频次小批量补货。这样做对品牌商带来的效益是：最大限度地把握销售机会，延长每一个单品的生命周期，同时保持最小库存水平。在为客户创造价值的同时，共创供应链也证明了：在 TPS 和 TOC（瓶颈理论）等先进管理思维的指导下，结合电商大数据的天然优势，即使是最传统的制造企业，也可以获得良好的赢利。共创供应链成立仅一年时间，订单量就突飞猛进。2014 年在零库存的条件下，人均劳动生产率达到同行业的 3 倍，企业净利润率达到 15%，是同行业的 3~5 倍。2015 年，预计能实现有效产能增长 200%~300%，人均劳产率还可提高 1 倍。林恒毅总经理认为：没有个性化需求，没有电子商务平台的大数据，也不会出现柔性化生产的迫切性。同时，目前服装行业过剩产能指的是落后产能，而真正柔性化、随需而变的产能十分稀缺。

柔性化供应链对于企业来说价值巨大。但在过去的 30 年里，只有极少数企业既有洞察力也有资金来采取这种模式。它们是制造业的丰田、流通业的沃尔玛、服装业的

ZARA（飒拉）。它们的共同点在于对终端数据的掌控、敏捷的供应链体系，以及远高于竞争对手的营业利润率。在互联网时代，通过云计算的普及，大数据的成本大大降低，中小企业也可以采用这种模式。特别是电子商务企业，因为交易、营销活动的在线化，可以利用大数据精准地进行市场调研、细分，选定目标客户群，评估销售天花板。另一方面，电商企业不再需要用"猜"的方式来预测市场，而是可以用小批量商品来测试市场，再利用灵活的试销、AB 测试⊖等方式，从销售相关的数据中找到潜力款，然后根据生产周期与销售周期来多频次小批量补货。最重要的是，在市场需求发生突然变化的时候，以数据驱动的 C2B 柔性供应链也可以灵活应对。

电子商务倒逼制造业转型的另一个方面是推动企业之间的在线连接，以及制造业的在线交易。在这方面，阿里巴巴的"淘工厂"项目做了一件很有意思的事情，具体如下。

【案例 2】"淘工厂"把生产商与卖家"在线"连接起来

"淘工厂"是阿里巴巴搭建的电商卖家与优质工厂的桥梁，旨在帮助工厂实现工厂电商化转型，打造贯通整个线上服装供应链的生态体系。将懂电商、但不懂供应链的电商卖家与懂供应链、但不懂电商的工厂连接起来。

"淘工厂"实际上是把服装工厂的生产线、产能、档期搬到互联网上来，并将打包作为一种服务出售。在产品的设计上，阿里巴巴要求工厂将产能商品化，开放最近30天的空档。档期表示工厂的接单意愿，如果工厂没有空档，那么在搜索卖家时会默认将其过滤掉。"淘工厂"最大的特点是在生产上将更加符合淘宝买家的需求，淘宝买家可以尝试小批量试单，并快速翻单。阿里巴巴要求入驻的代工厂为淘宝买家免费打样、提供报价、提供档期，并且接受 30 件起订、7 天内生产、信用凭证担保交易等协定。同时，阿里将通过金融授信加担保交易方式解决交易的资金缺乏和资金安全的问题。淘宝买家支付货款可使用阿里的授信额度。工厂可凭信用证收回全款，如果买家失信，阿里将会为工厂补上这笔金额。目前已经有上千家服装工厂入驻"淘工厂"平台，除了中小微的服装厂，还包括浙江富春江织、西格玛服饰等国际品牌代工厂，专门给淘宝商家开辟柔性化小型生产线。

从淘宝网的零售到 1688.com 在线批发，再到淘工厂，我们可以清晰地看到从需求端到供应链端的紧密连接和互相依存关系。从某种角度看，阿里巴巴的电商平台也

⊖ AB 测试：设计页面有 A、B 两个版本，A 为现行的设计，B 是新的设计。比较这两个版本之间你所关心的数据（转化率、业绩、跳出率等），最后选择效果最好的版本。——编者注

是供应链协同的平台。未来，随着下游的在线交易规模比重进一步加大，势必会以需求牵动的形式将更多的批发、分销和生产制造环节"拉"到互联网上来。而生产制造业的内部也会随着需求端的变化而变化。

电子商务与富有中国特色的工业 4.0

从价值链全流程的角度来看，电子商务也是工业 4.0 的一部分，制造业和电子商务分别是工业 4.0 的后端和前端。在中国这样一个电子商务和制造业的大国里，我们的制造业完全可以借助电子商务实现弯道超车。

"工业 4.0"近期成了业界最火的概念。德国工业 4.0 概念是在以移动互联网、云计算和大数据为主的新一轮通信技术革命的大背景下提出来的，与之前的 IT 革命浪潮有本质的区别。从生产制造的角度来看，工业 4.0 实现了广泛的连接，把设备、生产线、工厂、供应商、产品、客户紧密地连接在一起。连接的背后是全流程，或全网络数据和信息的流动、共享。从实现的效果来看，德国工业 4.0 是为了实现柔性化生产，甚至大规模个性化定制。例如，汉诺威工业博览会负责人克科勒尔指出，全球的生产必须越来越强调个性化和柔性化，同时保持竞争力，而数字化就为此提供了最佳条件，使生产线拥有足够的灵活性，而不局限于生产一种产品，相关信息就存于产品内，并对机器发出加工指令。为什么要实现柔性化生产？原因是：柔性化生产可以减少市场风险，降低资金、库存压力；企业对市场反应快就可以及时把握市场机会，实现更高毛利率水平。我们可以看到，德国工业 4.0 的最终目的是给企业带来更高的赢利水平，是由市场需求倒逼的"技术改造"，是从上下游紧密结合的供应链视角出发的。

德国人向世人展示了其在工业领域的积累和竞争优势，但是德国制造不会成为世界制造的中心。德国工业的体量也决定了德国乃至整个欧洲目前的制造能力根本不能满足世界的产品需求。满足世界产品需求的中心还是在中国。中国相对德国或其他发达国家的优势在于：中国不仅是全球制造业大国，还是网络消费大国，电子商务与制造业的结合有可能让中国走出一条不同的工业 4.0 道路。

既然工业 4.0 或制造业的转型升级是基于市场需求的拉动式供应链和柔性化生产，那么基于电子商务的大数据优势再加上庞大的制造业资源，中国就有可能在未来弯道超车。首先，中国已经是全世界第一大电子商务市场，2014 年网络零售达到 2.8 万亿元，2020 年预计会超过 10 万亿的交易规模，网民数将会达到 10 亿，这也意味着自然会沉淀和积累巨大的市场消费数据。同时，中国的电商平台正积极向全球拓展。例如，阿里巴巴的"速卖通"平台已经是俄罗斯、巴西等国的第一大电商平台，每月登录全球速卖通服务器的俄罗斯人近1 600万。这意味着中国的电商平台可以沉淀、使用全球的消费数据，并为本国制造业所用。美国人认为中国制造的成功秘诀在于产业集群。中国的产业集群以大量中小微企业集聚为特点，与欧美的大型制造业企业相比，其具备天然的柔性化集体产能。产业集群几乎可以与市场需求保持同比例的扩张、收缩，以应对外部市场的波动。在互联网时代，低成本的连接可使信息、数据得到更快速的分享和使用，产业集群内企业之间的学习、模仿加速，也将推动产业集群的整体转型。例如，在杭州、东莞等地的服装产业集群受服装类电商迅猛发展和市场中愈加"小批量、多款式、快速反应"需求的带动，原来的批发市场正在向为淘宝店铺提供"网供"的电商园区转型；越来越多的服装、鞋帽、箱包等生产制造企业开始向柔性化生产、拉动式供应链转型。电子商务就像一张大网，把越来越多的零售、批发、制造企业连接在一起，通过数据协同的方式促进它们整体转型。

小结：在互联网条件下，制造业的转型升级不是独立发生的，而是呈现出营销→零售→批发→制造的一个倒逼现象。在此现象中，C2B的商业模式逐渐清晰，而柔性化生产正是制造端的主要转型方向。实际上，在互联网出现之前，很多大型企业已经在探索大规模个性化定制、拉动式供应链，并取得了卓越的绩效，比如戴尔、ZARA和丰田。但是互联网和电子商务的出现加速了这种进程，更多的中小企业也可以进行这种变革，并从中受益。工业4.0的上半身是电子商务，下半身是柔性供应链，中国作为全球最大的网络消费市场和制造大国，具备双重优势。互联网带来了新的竞争空间和竞争规则，如果政策得当，中国在制造业领域完全可以走出一条独特的发展道路。

（本文刊于《阿里商业评论·"互联网+"》，2015年4月）

信息经济时代的物流发展趋势探讨

郝建彬：阿里研究院专家

中国的物流发展现状

人流、商流、物流、资金流、信息流共同构成了现代经济的运行基础，决定着经济发展的未来。其中，物流是创造时间价值、空间价值的现代服务活动，物流业是融合运输、仓储、货代、信息等产业的复合型服务业。物流业和国民经济各个领域密切相关，既是国民经济运行的基础条件，也是构建对外交往、对外贸易的一个必不可少的前提条件。

经过 30 多年的发展，中国已经成为世界第一的制造大国和贸易大国，也成了名副其实的物流大国。我国的铁路货物发送量、铁路货物周转量、港口吞吐量、道路货运量、海港集装箱吞吐量、电子商务市场规模、高速铁路和高速公路里程等目前均居世界第一，航空货运量和快递量居世界第二。物流业已经成为国民经济的支柱产业和最重要的现代服务业之一。

物流规模快速扩展和物流基础设施的大力发展为物流能力的提升奠定了坚实的基础，但我国不是物流强国，物流业发展粗放，总体滞后于经济社会的发展要求。根据世界银行的物流能力指标（LPI），我国物流能力领先于其他"金砖国家"及与我国有相似资源禀赋的亚洲国家，但明显落后于主要发达国家。目前，我国的物流能源消耗仍处于快速增长期，对液体燃料的需求将大幅增加。由于物流企业运营所需的能源、劳动力、土地价格持续上涨，加之服务价格偏低、融资环境不佳等因素的影响，依赖于"高投入、高消耗、高排放、低产出、低效益、低科技含量"的传统物流运作模式难以为继，因此面临着降低成本、提高效率、可持续发展的转型要求。

2012 年，中国全社会物流费用占 GDP 的比重约为 18%，高出发达国家一倍以上。在未来，我国物流业发展将面临能力、竞争力、效率、布局、可持续、应急、民生等方面的新要求。

当前我国物流存在的问题

一是，物流业系统性不强，网络化程度低，呈现分散、独自发展的态势，基础设施的配套性、兼容性较弱。综合交通运输体系尚未完全形成，综合交通运输枢纽建设滞后，不同运输方式难以进行合理分工和有效衔接，沿海和内陆集疏运体系不配套，各种运输方式之间信息不共享，交通运输资源综合利用效率不高；海铁联运比例不到 2%（发达国家已达 20%）；在一些物流需求不旺的地方，盲目兴建物流园区、物流中心并造成闲置；而对于物流需求旺盛的区域，物流企业拿地困难；地仓储设施分布在不同行业和部门下，缺乏有效的资源整合；托盘标准不统一，不能一贯化运作；地方保护、部门封锁比较严重，在工商、税收、土地、交通等方面存在一些阻碍以及限制分支机构设立和经营的问题。

二是，与制造业、农业、商贸联动不足。物流速度慢、成本高、渠道不畅、模式陈旧已经成为制约制造业由大变强、商贸服务和电子商务持续发展的瓶颈。

三是，国际化能力不强。与我国高增长的国际贸易相比，物流业尚未形成与之相配的全球物流和供应链体系，国际市场份额很低，进出口所需的物流服务在很大程度上需要依赖国外跨国物流企业。我国已与 200 多个国家建立起了贸易联系，但是国内目前还没有一家物流企业能够提供全球送达业务。

四是，公平竞争、规范有序的物流市场尚未形成。一些地方政府在用地、税收等方面给予跨国物流企业诸多优惠，使其享受超国民待遇。另外，国内许多中小物流企业经营不规范，市场无序竞争，服务意识淡薄，法律意识不强，缺乏诚信。

五是，物流业整体创新能力弱。物流企业的创新动力不强，研发投入很低，商业模式创新、组织创新、技术创新、管理创新滞后，尚未进入以创新引领的发展阶段。

六是，不可持续问题突出。公路、航空、铁路、水路等运输方式的资源、能源、土地等消耗和大规模排放问题突出；无效运输、不合理运输、过度包装等问题严重；超载、超速造成的严重人身安全和货物损害事故经常发生，这给个人、企业和国家都带来了重大损失。

未来物流发展展望

预计 20 年后，我国将成为世界第一大经济体，物流需求增量和物流市场规模也将最大。在我国工业化推进过程中，工业仍将有较大发展，大宗能源、原材料和主要商品的大规模运输方式和物流需求仍将旺盛。同时，产业结构的逐步升级以及生产方式的变化，小批量、多频次、灵活多变的物流需求会快速增加。在从中等收入迈向高收入国家的过程中，居民消费的水平、心理、方式和结构的变化要求物流发展更加注重效率、特色、个性和人性，基于更快时间和更高空间价值的物流需求会越来越大。预计在 2020 年，我国的网络购物市场规模将超过 10 万亿，由此产生的包裹数将达到300 亿个，日快递量接近 1 亿个。电子商务将成为物流业变革的催化剂。

信息技术广泛应用，促进物流业升级。交通运输、物流、信息、新能源、新材料等领域都在孕育新的技术突破，高速铁路、大型高速船舶、绿色航空、新能源汽车、智能交通、智能仓储、新材料技术、节能环保技术，特别是物联网、下一代信息技术、现代管理科学技术等将在物流领域得到推广和应用，电子商务、移动互联、大数据、云计算、物联网等将与物流业深度融合，让物流更加智慧化、智能化，这些都将对物流业的转型升级带来重大促进作用。未来的物流技术创新将反映出安全、快速、大型化、信息化、智能化、个性化、人性化、精细化、绿色化和节能化等时代特点。

信息经济下物流业的发展建议

一是，做好信息经济下物流基础设施的顶层设计。国家宏观部门应根据经济社会发展、居民消费特性、物流供求数据、各省经济规模和人口、物流运力（航空、公路、铁路、水运等综合运力及覆盖半径）、城市产业布局（制造业、商业、房地产、物流地产）等综合因素，进行物流顶层设计以及分区域、分层次的物流节点布局，具体包括完善和优化物流基础设施网络、组织网络、运营网络与信息网络，构筑统筹国际国内、东中西、沿海和内地、城市与农村、社会化与自营的不同层级、不同功能、有效衔接的国家物流系统。

二是，推动物流业与线下商贸、产业集群等协同发展。在重要商贸区域、重点专业市场、产业集群区，大力发展集展示、交易、仓储、流通加工、运输、配送、信息功能于一体的物流综合平台，加强物流与城市发展的协同规划与合理布局。同时，着眼于物流业服务生产、流通和消费的内在要求，加强物流业自身资源和供应链整合，提升物流服务和供应链管理能力，增强物流业与各类产业、地区经济协同及互动发展，充分发挥物流业在国民经济中的桥梁、纽带、助推器等作用。

三是，把握信息产业革命带来的重大机遇，抢占物流业制高点。借助电子商务催生的物流业大发展契机，用互联网思维改造行业的管理、运营、市场等各个环节，用电商"天网"改变物流"地网"的格局，打造"电子商务＋物流"的高效透明、信息对称、价格公开的社会化现代物流体系。推动物联网感知、智能识别、云计算、大数据预警、实时跟踪等技术的应用，提升物流信息化程度和信息化水平，以及服务附加值，从而降低运营成本，增大利润空间，改善服务质量。基于互联网平台打造两三家全国性互联网化物流综合服务平台商，促进全社会物流费的下降。

（本文刊于《阿里商业评论·"互联网＋"》，2015 年 4 月）

互联网时尚消费趋势报告

互联网时尚消费

互联网改变消费

进入 21 世纪,全球信息化进程正在改变着人们的生活方式,整个世界逐渐进入了网络经济时代。互联网与移动应用在网络时代得到了爆发性普及,从互联网与移动应用的绝对人口数和接触时长来说,互联网早已经超越电视、报纸等传统媒介。截至 2015 年 6 月,中国网购用户规模已达 3.74 亿,接近全国人口的 1/4。互联网的发展为消费大环境带来了空前的变化,也正在全方面地改变着消费者的消费路经、消费习惯、消费行为以及消费模式。从消费路径上看,"在线研究,线下购买"——越来越多的用户在购买时尚类产品时,会在多个渠道间来回跳转,他们将互联网视为一个购物橱窗。从消费习惯上看,对于日臻成熟的网购消费者,他们的购物半径正在扩大,从最初的服装品类、逐渐扩展到小型 3C 数码设备及家居家饰,再后来是大家电和食品,甚至涉足房产拍卖等。随着对网购认知的提升,人们对网购的信任感增强,购物金额呈现爆发式增长,2013 年"双 11",浙江一位女网民购买时尚珠宝单笔消费高达 2 000 万元;与此同时,人们也越来越依赖网络购物,购物频度也在逐步升高。调查发现,消费者的网上购物消费动机与传统购物的消费动机并没有显著差异,在互联网条件下,消费动机的产生具有更多的影响因素。此外,网上购物在信息收集、商品比较、购买行动和购买后反应等消费行为方面,也与传统购物模式具有较大差别。网络购物蓬勃发展,其消费增长动力多来自 85 后及 90 后的新一代网络"原住民",他们的网购频度高于其他年龄人群,敢于尝试"新、奇、特"的消费模式,对时尚潮流感应敏锐,乐于随时抒发和表达自己的思想与感受。

互联网改变时尚产业

当互联网和移动技术与时尚不期而遇时，新技术为传统的时尚产业发展注入了强大的活力与竞争力，时尚产业的变化首先从秀场开始。

在互联网和移动技术发展的推动下，之前只属于少数人的时装秀现在开始能被更多人所接触，时装秀以现场直播的形式被搬上大小屏幕，吸引了全国乃至全世界数以千百万计的观众，而在传统秀场只有区区几百个观众席位。互联网的虚拟舞台给时尚行业带来了多变的跨界创新机会，以往在T台上展示的时装需要很长时间才能上架销售，"新品"到达消费者手中所用的时间几乎是走秀过后的半年，甚至更长时间。如今，这样漫长的等待早已一去不复返。互联网技术把秀场直播过程中的观看体验尽可能发挥得更加极致——"边看秀边购买"的创新消费模式应运而生，并成为互联网改变时尚消费的直接体现。

此外，越来越多的时尚消费品牌会运用互联网渠道来影响消费者，且纷纷试着在移动互联网领域实现突破。比如，在iPhone手机的App商店上下载品牌小软件，就可以随时随地了解新款到店情况，包括款式、色彩和价格等信息。更有时尚品牌通过社会化媒体互动，尝试影响用户对品牌的看法。

互联网改变了人们对时尚商品的消费模式，重新定义了时尚消费的内涵。互联网时尚消费既包括传统时尚商品，也包括经由互联网产生和改造的创新服务及消费模式，互联网的求新求变使创新消费模式本身成为时尚。

互联网消费新风尚

互联网新风尚

互联网与移动应用技术快速发展，基于位置的LBS服务与O2O结合，形成全新的"LBS+O2O模式"。它将发挥智能终端特有的互动特性，使商家与消费者可以随时随地地亲密接触，"边看边买"等时尚消费服务业的应用前景广阔，为时尚潮流注入了跨界融合的巨大能量。

【案例】

2014年8月，在"'天猫新风尚，时尚无界'暨2014天猫秋冬时装秀"现场，天猫携手时尚集团跨界合作，联合互联网十大品牌共同见证30万款秋冬新品发布，现场展示"边看边买"的创新技术，成为当下最新的互联网消费时尚潮流。

"边看边买"的创新服务基于 LBS 定位服务，将模特走秀款服装实时推送至手机天猫客户端，让看秀不再局限于欣赏，无须中间环节，消费者可直接点击秀场模特和商品实现同步购买。除了在时装秀现场感受"边看边买"的炫酷体验外，更多的消费者也可在线欣赏时装秀视频，享受"边看边买"的创新服务。通过天猫为品牌打造的时尚大片以及专场时秀，茵曼、阿迪达斯、韩都衣舍等品牌在活动期间的成交额比日常翻了 5~11 倍。

此外，天猫通过创新电视＋电商的"F2O"模式，在与央视《舌尖上的中国》、湖南卫视《爸爸去哪儿》等电视节目合作之后，再度牵手东方卫视的《女神的新衣》，将"边看边买"的创新服务通过电视媒体送进千家万户。

"边看边买"模式打破了线上和线下之间的消费界限，是 T 台潮流与消费行为同步的 O2O 体验升华，其商业场景和呈现方式丰富，拥有广阔的发展前景。

"新风尚"系列活动推出了众多富有互联网思维的新型时尚营销模式，集结了 85 后、90 后互联网新生代消费者，其中颠覆传统时尚行业的"边看边买"、新品主题导购等营销模式的反响空前，标志着互联网时尚消费进入爆发式增长时期。

数据解码互联网时尚消费

数据显示，偏爱新风尚活动中"边看边买"服务的消费人群集中在一线城市。尝鲜者逾 1/4 是 90 后买家；接近一半的消费金额来自移动终端，钻级信用以上买家约占四成；其中，女性消费者约是男性的两倍。天猫"边看边买"模式中排名前 10 的消费省市如图 5-3 所示。

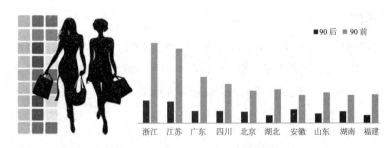

图 5-3　天猫"边看边买"模式中排名前 10 消费省市

我们尝试用大数据勾勒出主流互联网时尚消费人群的画像，她们是一群追求新奇时尚的一线城市 90 后"白富美"。她们或许并不富裕，但拥有让人艳羡的青春，她们是名副其实的网络新贵，是伴随互联网发展成长起来的一代人。她们热衷于尝新，对新鲜有趣的消费模式敢于尝试并乐在其中……

在时尚与消费大数据结合的创新中，天猫联合 YOKA 时尚网从国际潮流发布中提炼出当季的流行元素，并与天猫的消费大数据进行匹配，甄选出"60 年代连衣裙""温柔触感针织""你的真命珠宝"等 20 个秋冬潮流趋势，同时以主题导购的形式展现给广大互联网消费者。图 5-4 是"天猫新风尚"主题导购的关注度示意图。

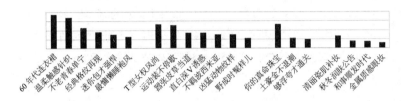

图 5-4 "天猫新风尚"主题导购关注度

"天猫新风尚"5 天主题导购活动吸引了近 200 万人在线逛精品橱窗。数据显示，来自多屏的消费者在个人计算机和移动端的消费偏好略有不同。在不同的消费主题分组中，"60 年代连衣裙"脱颖而出，表示怀旧风格在互联网时尚中大行其道；"T 型女权风尚"在秀场互动的配合下表现不俗；珠宝组"你的真命珠宝"一枝独秀；回归自然的"清丽瓷肌裸妆"在美妆组表现最佳。

主题导购模式是国际潮流与真实消费大数据的融合，是互联网时尚化的一次大胆尝试。

互联网时尚消费新趋势

趋势一：Glocal 的全球购

以寻找安全奶粉为起因，以年轻的 80 后妈妈为代表，"海外淘宝"的消费群体于 2008 年开始形成。海淘消费者通过互联网检索海外商品信息并直接在海外网站下单，由海外购物网站通过国际快递发货，或是由转运公司代收货物再转寄回国。整个过程涉及海外运输、进口通关、清关缴税等多个环节，最快一两周才能到达消费者手中，最长时间则多达一个半月，即最初的 Global 全球购模式。

随着人民币的不断升值，以国内中产阶级为代表的海淘消费群体的消费能力逐渐升级，消费群体迅速成长壮大，购买需求的范围也不断升级，母婴用品、服装、鞋帽、皮包、化妆品、玩具，甚至电子产品都成了海淘的主要对象。当人们发现在国外购买的商品即使加上运费和关税也比海外品牌进驻国内直销的价格便宜时，海淘大军开始了爆炸式增长。人们不再单独追求国外商品的品质，还看中了其价格上的优势，海淘消费已经逐渐成为中产消费者的常规化购物方式。

如何让整个海淘过程更加愉悦和高效，是未来全球购物发展需要解决的问题。伴随保税区仓储物流的发展，电子商务企业使用海关核准的保税仓库存放海关批准暂缓纳税的进口货物，使得全球购买进程向前跨出一大步，也标志着购物全球化从 Global 升级至 Glocal（全球本土化）阶段。货物摆脱了以往逐一从海外运送的模式，而是提前集货或预先存储在本地保税仓库中，这大大降低了物流成本，提升了物流速度，Glocal 全球购买本地化生态系统已见雏形。

目前，美国最大的连锁会员制仓储量贩店女子市多（Costco）、美国最大的钻石在线零售商蓝色尼罗河（Bluenile）、日本最大药妆店肯高（Kenko）、日本最大邮购企业 Nissen、泰国最大的免税集团王权免税店（Kingpower）等商家通过入驻国内知名购物平台，在杭州、宁波、广州的海关协助下，将保税、直邮、集货三种跨境物流方式有效地结合，由此，本地化全球购正蓄势待发，在未来，海淘商品和国内商品同期抵达消费者手中已经成为可能。此外，为了加速本地全球购买进程，平台将集中引进国外中小品牌或家族品牌（这些品牌虽暂时不具备直接进入中国市场的条件，但产品质量过硬，设计做工精美），这将为用海外质优商品丰富本地商品货架提供了便利条件。

全球购买本地化将大大提升消费者的消费体验，一方面，从海外购买商品的物流和通关时间将成倍缩短，消费者可体会到更加高效、便捷的售后服务；另一方面，消费者可接触到更多更优质的来自全球中小企业的优质正品，充分享受 Glocal 全球购买带来的消费乐趣。

趋势二：数据信用消费

基于互联网购买行为产生的信用记录体系日趋完善，虽然产生信用的本体是虚拟的，但依托于现实社会和人的活动，通过映射而产生的购买记录及文字评论等信息经过长时期积累，已然成为自然人在现实社会信用表现的一部分。商家基于消费互联网大数据储备的信用，选取互联网上零售信用记录良好的消费者，推出"先试后买"服务。由此，结合消费习惯的信用购买模式应运而生。

【案例】

阿里巴巴旗下的天猫和小微金服依托自身的大数据，根据消费者的消费习惯，对信用级别较高的消费者推出了新品"先试后买""先睡后买"等创新体验式服务，即：被平台选中的消费者可在天猫服装类目中选择带有"先试后买"标志的商品，也可在家纺家饰类目中选择带有"先睡后买"标志的商品，直接下单，不用付款，收到物品后先试用体验，满意后再付款；若发现不合适，在不影响二次销售的情况下，可直接退款退货，而不用征得商家的同意，由此产生的运费也会在确认退货后经运费险返还。

通过让消费者"先试后买""先睡后买"，商家可从快速反馈的信息中获知产品是否受市场欢迎，及时改进产品不足，调整市场营销策略，大大提升了商户的资源配置效率，加快了商户的资金回笼速度。

此外，阿里巴巴旗下的蚂蚁微贷提供给消费者"这月买、下月还"（确认收货后下月再还款）的网购服务——花呗，以及基于海量信息数据的综合处理和评估形成的芝麻信用，即凭借超过一定标准的信用分，消费者可以享受"信用生活"服务。这均是在数据信用消费方面做出的创新尝试。

趋势三：和谐理财与购物

理财指的是通过对财产进行管理，实现财产的保值和增值；而购物是一种经济和休闲活动，通过消费购买自己想要的商品以获得它们的使用价值。理财和购物分属于收入和支出两大阵营，看上去是一对不可调和的矛盾。而在互联网经济时代，层出不穷的"购物＋理财"的创新模式，让购物的贬值与理财的增值走向和谐统一。消费者在购物过程中可以获得意料之外的收益，大大提升了购物体验。

【案例】

以往，购车被认为是一项"贬值行为"，客户交的订金在被冻结后是没有收益的。以互联网思维来看，冻结资金完全可以产生收益。

天猫平台汽车业务部联合余额宝推出了时尚新颖的购车模式，可以让用户兼顾消费和理财，既不影响他们的提车周期，又可享受三个月的余额宝收益。值得一提的是，如果用户在提车前改变了购车意向，可以在订单进程中办理退款解冻，系统会在一天后完成退款。在传统的线下预订、购车模式中，用户如果中途变卦，取消订单，往往需要赔付一定金额的违约金，而用"余额宝购车"办理退款解冻不会收取用户的任何费用，对消费者来说完全没有负担。

互联网理财是目前最流行的理财方式，它以高收益、投资门槛超低、资金随用随取的优势抢滩理财市场，比较适合闲钱、散钱投资。余额宝的产生，让客户在购物的同时顺便理了财，理财与购物看似矛盾，在此时却开始变得和谐。通过大数据深入挖掘客户的需求，用互联网金融产品满足客户更多的生活需要，是理财与购物和谐化的发展方向。

趋势四：用大数据预测你的消费

电商企业利用得天独厚的优势，使用互联网技术收集消费者在消费活动中产生的数据，涉及买卖双方和交易过程中的每一个细节。这些宝贵的数据可以还原出购买过程中的重要行为节点，甚至可以通过挖掘大数据做出惊人的预测。

【案例】

关于消费数据挖掘的预测应用，有这样一个真实案例。美国一名男子闯入他家附近的一家零售连锁超市塔吉特进行抗议："你们竟然给我 17 岁的女儿发婴儿尿片和童车的优惠券？"店铺经理立刻向来者承认错误。此时该经理并不知道这一行为是公司挖掘运行数据的结果。一个月后，这位父亲又来登门道歉，因为这时他才知道他的女儿的确怀孕了。塔吉特超市比这位父亲知道他女儿怀孕的时间足足早了一个月。

消费者通过互联网的每一次消费，都会将自己消费模式的部分细节透露给商家和数据收集者。电商企业致力于利用互联网技术收集大数据，对不同信息进行分门别类的管理，并使用微观数据挖掘分析出消费者尽可能完整的个人偏好和需求。

关于消费者最新的消费活动，其中有部分受自己固有的"消费惯性"影响，通过深层次的数据认识并还原该消费者的消费模式，可引起一系列的消费推荐预测，最终指导和帮助消费者在自己虚拟的"消费惯性"下达成新的消费。在未来，具有类似消费特征的人群的数据挖掘将拓宽推荐营销的视野，并结合社交网络催生新的应用场景，使推荐精准率获得进一步提升。

趋势五：赞出消费者心中的时尚

性格洒脱、注重内涵表达的 85 后和 90 后已成长为社会的中坚力量，他们作为互联网时尚消费的主力军，注定会把更多的个人化行为与思考融入未来的消费时尚中。从整个世界的范围来看，近 10 年来，消费者对时尚商业品牌的概念和接受程度也在发生大的转变，以往由大型公司决定产品设计和销售的模式正在改变。全球范围内 ZARA、H&M（海恩斯—莫里斯）等快时尚品牌的崛起，反映出了消费者想和更多的时尚品牌建立起个性化联系的渴望，而快速、小批量的产品推出方式也给消费者带来了更大的选择空间。

消费者心目中的时尚到底是什么？只有来自消费者端的声音才是最真实的，时尚不再是设计师或者少数高端品牌的一家之言，而是商家在和消费者互动交流过程中的感知、吸纳与再加工的结晶。

【案例】

在 2014 年天猫平台预热"双 11"的活动中，"全民拍档"通过互联网投票和微博社交网络点赞等形式，集中收集消费者声音，该活动通过大众点赞投票选出最佳设计拍档——消费者心中最认可的时尚设计师。活动设置的另外 4 个拍档奖项——明星拍档、时尚拍档、互动拍档和技术拍档也由消费者投票决定，最后分别甄选出消费者最爱的明星、最 in(目前最流行)最时尚的品牌、最酷炫的互动游戏和最青睐的算法技术。

该互动活动充分调动了消费者抒发自身情感和参与互动的积极性，也为"时尚"一词注入了新的内涵。

互联网开启时尚消费新时代

对消费者而言，互联网颠覆了传统消费行为和路径，人们在选择消费时尚的同时，逐渐有了亲手改造和创造消费时尚的机会。消费者从原有的被动、单向接受产品，转为参与互动和体验，通过反馈和共创，分享行使消费者主权带来的产品红利。消费者的声音正在空前地壮大，而这一声音的壮大既来自互联网对消费者声音的放大效应，也来自消费者和信息流动方式的重新组织，更受益于商业形式从 B2C（或 C2C）向 C2B 或其他消费者地位更加重要的商业形式的转换。

对企业而言，互联网将激化竞争，面对富于创新的后来者，传统企业必须做出快速应对。在产品经济时代，只需要企业去接近消费者；在炫耀性的奢侈品消费时代，企业开始需要去取悦和讨好消费者；在体验经济时代，则要求企业尊重消费者；步入"产销合一"时代的企业则面临消费者全新的需求——企业需要发自内心地喜欢和热爱消费者，把自己看作他们的一部分。在未来，任何一种企业价值都不再可能由企业单独完成，只有发挥消费者自身的创造性，商家才能获得财富。只有先消费者所想而想，才能后消费者之乐而乐。

互联网是变化的，时尚是性感的。

互联网渗透至时尚产业的方方面面，无论是各个行业的时尚商品和服务消费本身，还是经互联网技术改变的消费模式，都体现了更加时尚多元的发展趋势。消费者正在进一步崛起，他们与商家通过互联网携手，共同开启"时尚共创"的消费新时代。

（本文刊于《阿里商业评论·营销的未来》，2014 年 11 月）

Part6

第六篇

诚　　信

网络信用服务时代已经到来

吴晶妹：中国人民大学财政金融学院教授

网络征信是网络信用服务的代表，网络信用服务正在从网络经营活动中逐渐分离，作为独立的业态初露端倪，将成为网络发展的重要支撑，是网络经济与社会发展新的增长点。

传统征信：现实财务的小数据

传统征信是由专业机构通过固定的模型定向采集财务和金融交易信息并加工、处理、报告的专业化信用管理服务。

传统征信以美国为代表，以 1841 年美国邓白氏公司的成立为兴起标志，是目前全世界范围内普遍存在的征信业态。在中国，传统征信以中国人民银行的征信系统为代表，受《征信业管理条例》约束，机构的设立和业务的开展需要申请相应的牌照。

传统征信有 4 个特点：由征信机构进行专业化、牌照式经营；是"小数据"，以金融交易为核心，集中分析财务数据，一般只有几十个数据项，主要涉及收入、资产及抵押状态、担保情况等，表现的主要是债务状况；用途主要是预测信用交易风险和偿还能力；数据获取渠道比较狭窄和固定。

网络征信：网络行为的大数据

网络征信是指网络交易平台、电商等网络机构开展的全网海量数据采集处理并直接应用的信用管理服务。网络征信兴起于 2013 年，是通过网上非定向地全面获取各种数据，获取海量网络信息从而实现对网络主体的信用轨迹和信用行为进行综合描述。

蚂蚁金服旗下的业务包括支付宝、支付宝钱包、余额宝、招财宝、蚂蚁小贷等，涉及的合作伙伴众多，包括商家、第三方和金融机构等。在支付宝平台上，有超过 200 家金融机构与蚂蚁金服合作开展网络支付业务，近千万小微商户将支付宝作为网络支付服务提供商；在保险平台上，接入了 100 多家保险机构；在招财宝平台上，已有几十家金融机构的产品上线，并且已与 100 多家金融机构签订了合作协议。

网络征信的主要特点有三：一是数据成千上万；二是数据来源广泛；三是信息全面，不拘泥于财务，既包括财务、资产类，也包括非财务类，例如社交行为、文字言论、谈话语音、图片甚至交友情况等各种信息，具有非常强的社会性。

网上的一切数据皆信用，网络征信是一个完全的大数据概念。网络征信以海量数据刻画信用轨迹，描述综合信用度，主要表明信用行为状况，主要用途是判断可信度、开展社交往来、授予机会以及预测信用交易风险和偿还能力。一切皆信用，信用是资本。

网络征信与传统征信存在很大区别，网络征信的内容、技术手段、数据特征和分析判断的评估方式、评估模型、主要内容与方向，甚至主要结论都与传统征信不同。

在"2014 小微分享会"上，蚂蚁金服表示将以小微企业和普通消费者为主要用户，建立以数据、技术、服务为核心的金融生态，帮助合作伙伴，共同为用户创造价值。蚂蚁金服 CFO（首席财务官）井贤栋表示，真正支撑其各项业务的是蚂蚁金服强大的云计算、大数据和信用体系等底层平台，蚂蚁金服将对所有合作伙伴开放这三大平台，以拓展互联网时代的金融新生态。CTO（首席技术官）程立称，蚂蚁金服的云计算已具有金融级能力，目前可实现处理的高频并发金融交易已达到了每秒 3 万笔，每天可完成支付千万笔，每天数据处理量超过 30PB，可在 30 分钟内完成亿级账户的清算。在实时大数据风控方面，则已经实现毫秒级处理速度。

从传统征信向网络征信过渡

网络征信是传统征信的业态升级，是对传统征信的彻底改革。随着网络的迅速发展和大数据技术的快速普及，网络征信会迅速崛起。现在，网络征信大量普及发展的时机并没有真正到来，仍处于从传统征信向网络征信的过渡阶段。谁过渡得快，谁将引领世界最先进的征信服务市场，并掌握由信息应用而产生的各种政治、经济话语权。

传统征信依靠几个专业机构各自建立物理数据库，定向搜索一些"小数据"，然后建立固定的模型，之后在数据库里系统自动地用这些模型对数据进行计算。虽然数据本身是动态的，但是由于数据项的更新和拓展很慢，所以数据使用者拿到的征信报告和结果是固定格式的、相对静态的。

传统征信服务依赖于数据库的覆盖程度。传统征信虽然已经发展了较长时间，不过覆盖程度还不够。美国的征信是全世界最发达的，但覆盖率只有85%。中国也是如此，截至2014年6月底，中国最大的征信数据库即中国人民银行征信中心只覆盖了8.5亿多人，覆盖率只有63%左右。

传统征信覆盖人群有限，数据所能反映的内容有限。征信在服务上和产品类型上都存在着很大的发展空间。在计算机技术迅猛发展、大数据技术日新月异、对信用信息的认识越来越深入的背景下，网络征信迅速崛起。

网络征信在网络平台上可以把参与网络活动的人群都覆盖到，不用建立专门的机构和数据库，不需要大量的资金成本和人力物力进行数据库传输，不用为了采集数据而采集数据，一切数据与信息都随着网络活动自然生成，只要在网上通过平台或者直接使用大数据搜索与抓取就可以，成本低、门槛低，这也是网络征信快速发展、必然成为未来主流的原因。

美国最先进的征信公司ZestFinance直接向FICO评分系统提出挑战，运用大数据和云计算手段，使用上万个数据进行海量计算。不过，目前国际上还没有理念先进、发展趋势明朗的网络征信运营机构，网络征信的大范围普及还没有开始，但市场已露端倪。

过渡期抢占先机

在传统征信方面，有近170年征信历史的美国一直领先，而中国的传统征信才发展了十几年，无法与美国相比。美国和欧洲都已经形成了较为完整和成熟的征信体系，控制和引领了国际市场，甚至在某种程度上也占领了中国市场。

当前无论是中国还是美国、欧洲，都处于传统征信向网络征信的过渡期。在未来的网络征信领域，中国和美国、欧洲等在同一时间起步，位于同一起跑线。但中国有机会超过它们，这就要看中国现在能不能把握住网络征信崛起的时代机遇，更好地制定战略目标，实现弯道超车。

由于网络征信不是脱胎于传统征信，所以传统征信落后没有关系。网络征信是在互联网上长大的，依托于计算机、大数据和信用理念的进步。中国的网络发展、大数据应用、信用管理理念与方法并不比美国和欧洲差，甚至还有些优势。

截至 2014 年底，我国网民有 6.49 亿，是真正的网络大国，这是中国网络征信强大的现实支撑。中国信用管理的社会化程度甚至比美国还高，已经从国家层面直接提出社会信用体系建设的统一部署、统一规划。中国在整个社会信用管理和网络信用管理应用方面覆盖人数众多、推进力度较大，在未来的网络征信领域站上世界顶端，超过美国、引领世界，这是非常有可能实现的。

中国应把征信体系建设的重心放在网络征信上

在大数据时代，我们应该以网络为基础来构建中国的征信体系。中国未来的征信体系，应该以网络征信为核心。

现在就应该着手开始网络征信建设工作，不要把大部分精力都浪费在传统征信建设上。目前很多征信相关文章和政策都还在讨论如何建大数据库，对征信数据库重复建设问题以及哪个部门提供数据、哪个部门使用数据等问题争论不休。这些都是传统征信思路，以数据库为核心，是固定的"小数据"应用。

传统征信把大量的人力、物力、财力都用在信息采集、整合和加工上，协调工作很难有实质推进，数据整合中错误与遗漏普遍，数据更新基本没有形成长效化，征信报告应用性不强，时滞问题突出，实际应用查询很弱，服务效率很低，降低了信息的价值。

网络征信已经兴起并快速发展，大数据技术也越发成熟，网络商业、金融、社交及征信已经形成产业链。以阿里为代表的网络运营机构自成一条龙的产业链雏形已经明晰，网络征信服务与网络市场相互激发、高速成长。社会已经发展进步到新的阶段，而我们的理论还在讨论一个相对落后的问题，解决思路落后于市场与需求，认识落后于时代的进步。我们真的应该向"蚂蚁""菜鸟""天猫""神马"们学习！

中国的征信体系建设思路应尽快调整到以网络征信建设为核心。传统征信建设要注意收缩和控制，有些条件不成熟的不要勉强，要舍得放弃，直接把新的做得最好、最先进。中国的征信建设应该顺应网络时代的发展，按照网络的规律去建立海量数据下的网络征信，实现一切皆信用、人人有信用、信用有价值。

应构建"网络监管"新框架

对于新兴的网络征信，中国应该全面创新监管。

首先，提高认识，把网络征信建设作为网络强国战略的重要内容。网络是世界现代化的制高点，"制网权"成为大国博弈的焦点之一。网络征信是网络信用服务的核心，网络信用服务建设是网络强国战略的重要内容。

从国际上看，整个网络正在展开一场没有硝烟与尘土的角逐与圈地，美国等发达国家一如既往地试图在这个新的领域争夺领导力和话语权，世界上大部分国家都在以自己的方式努力争夺和进行战略布局。网络征信建设应是中国的战略之一与最佳实现路径，因为信用是世界规则，拥有广泛共识。

其次，遵循网络原则，实行全面开放。市场发展在挑战监管层，给监管层出了一道新问题。不应按传统征信监管思路来要求这些新型的网络征信机构，应该按照网络规则进行监管。

最后，应打破人为界限。网络征信监管不应该人为地设置企业和个人的界限。不要人为地给网络机构划地盘、划业务界限和范围。在网络上，一切要以网民需求为根本，一切机构都没有界限，一切服务都没有界限。所以按照网络规律来管，就不要划传统市场下的征信监管界限。网络有网络精神，网络有网络规矩。

同时，加强网络监管。制定规则，并监管规则的执行情况。监管者应该顺应民意把网络精神和网络规律提炼出来，其中最基本的精神与原则可能包括"诚信""数据保护""规范流程"等，把这些制定成监管规定，例如形成"网络信用服务管理办法""网络机构信用管理规范"等，让各主体必须遵守，不遵守的予以查处。这是政府应该做的，也是政府的责任。

成立"网络信用服务中心"

中国正走在从网络大国向网络强国迈进的道路上，要把握住网络征信崛起的时代机会，做好顶层设计，将网络征信作为国际战略，统一战略部署，成立大型"网络信用服务中心"，加快推进我国网络征信的发展，抢占国际话语权。

"网络信用服务中心"应该是协同创新的新型科研与运营机构，应该在政府的支持下，协同高等院校，由网络机构投资并运营。该中心的主要职能是开展网络征信研究与开发，推动并直接开展网络数据商业化服务，引领网络信用服务新理念，掌握网络信用服务新市场。

（本文刊于《阿里商业评论·互联网金融》，2015 年 1 月）

以美国征信市场为例看海外征信业发展

张越：波士顿咨询公司董事、经理

美国征信业的发展历程

美国征信行业的兴起源于消费的盛行，经历了快速发展期、法律完善期、并购整合期以及成熟拓展期四大发展阶段，逐步壮大并已形成了较完整的征信体系，在社会经济生活中发挥着重要作用。

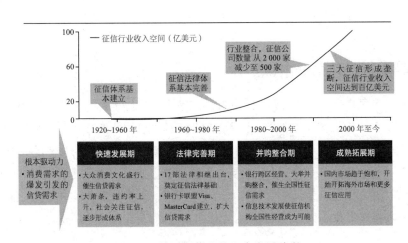

图 6-1　美国征信业的四大发展阶段

资料来源：文献研究，方正证券，波士顿咨询公司

20 世纪 20 年代，大众消费文化开始盛行并催生出广泛的信贷需求，而"大萧条"的出现则造成了个人违约率的上升，整个社会开始关注征信。在这样的背景下，征信市场开始快速发展。而信用卡的诞生更使信用的应用场景得到了极大的拓展。

20 世纪 60~80 年代，17 部法律相继出台，奠定了征信市场的法律基础。在这一阶段，Visa、MasterCard 等卡组织诞生，信用卡的应用进入快速发展通道，与之相伴的是个人征信市场的蓬勃生长。

20 世纪 80 年代至 21 世纪初，银行开始跨区经营并进行大举并购整合，全国性的征信需求诞生，而信息技术的发展使征信机构全国性经营成为可能。于是，征信市场也进入了整合期，机构数量从 2 000 家减至 500 家。

2000 年至今，美国征信市场逐步进入成熟稳定期，主要机构开始拓展海外市场，并致力于开发更多的征信应用。征信市场逐渐呈现出专业化和全球化的态势。

从美国征信行业的历史发展路径来看，先是野蛮生长，然后是理智整合，在此过程中，应用场景的拓展、技术的进步和法律法规的完善起到了关键性的推动作用。例如，如果没有信用卡、没有电子化交易，信用很难真正找到有利可图的商业模式。

美国的征信体系发展至今，全社会对于"信用"已经形成了成熟的认知。以"个人信用"为例，其内涵由"5C1S"定义：品德（character）、能力（capability）、资本（capital）、条件（condition）、担保品（collateral）、稳定性（stability）。同时，信用的边界也得到了明确的划分，即对于用来量化信用的数据基础达成了共识。

当前美国征信市场的格局

目前，美国征信市场的特点可以用 12 个字概括：专业分工，边界清晰，各司其职。整个征信体系分为机构征信和个人征信两部分，其中机构征信又分为资本市场信用和普通企业信用。资本市场信用机构有标普、穆迪、惠誉等，普通企业信用机构有邓白氏等，个人征信机构包括亿百利、爱克非、全联等。此外，美国征信体系中还有 400 多家区域性或专业性征信机构依附于上述 7 家机构，或向其提供数据。美国征信市场的总体规模相当于 600 亿元，远远超过中国目前约 20 亿元的市场规模。

美国征信体系中的产业链也已经发展到成熟完善的阶段。以个人征信为例，如图 6-2 所示，产业链中第一环节是数据收集，其来源比较广泛，有助于机构更加全面地掌握个人的信用状况。然后是对数据进行标准化处理，例如，第二环节中，Metro 1 及 Metro 2 是美国信用局协会（ACR）制定的用于个人征信业务的统一标准数据报告格式和标准数据采集格式。这种标准是征信行业发展非常重要的里程碑。第三环节是三大征信局对海量数据进行处理，进而形成信用产品，包括评分、报告等，最后是将数据应用于各种场景中，比如个人租房，办理贷款业务等。

图 6-2　美国个人征信产业链

说明：Metro 1 及 Metro 2 是英国信用局协会（ACR）制定的用于个人贷信业务的统一标准数据报
　　　告格式和标准数据采集格式。
资料来源：文献研究，方正证券研究

美国征信市场的发展趋势和借鉴意义

经历了近百年的发展之后，美国的征信行业正出现一系列新的发展趋势：

数据源多元化。除金融相关数据外，电商、电信业、零售业数据正在进入征信体系。

数据标准输出。美国征信局协会（CDIA）正在将美国征信数据的标准推广至其他国家，以促进征信体系的全球化发展。

征信体系融合。个人征信与企业征信的应用呈现融合趋势。例如，评价企业风险的同时考量其高管、董事会成员的个人风险。

应用场景拓展。风险评估种类不断细化，从单一信用风险到资产预测、破产预测、偿债预测、收入预测等细化风险；从简单评分产品到定制化的数据应用与工具对接服务，评分产品仅为初级筛选，同时作为模型输入对接定制化的客户应用和工具。

超越风险领域。例如帮助企业找到潜在目标客户，提升营销效率。

诚　信

　　美国征信行业发展的历程及其背后的逻辑对于中国发展征信行业具有一定的借鉴意义。刺激消费是中国经济发展的一大主题，随之而来的个人信贷需求的爆发可以预期。互联网金融的发展亟待突破征信瓶颈，而互联网及大数据技术在中国突飞猛进的发展无疑为发展征信行业提供了坚实的技术基础。

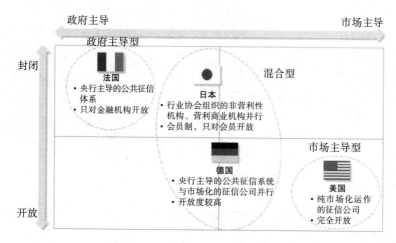

图 6-3　海外征信市场的三种模式

资料来源：文献研究，波士顿咨询公司

　　中国的征信行业将会出现怎样的发展路径？目前还很难预期。纵览海外，以美国为代表的"市场主导"模式并非唯一。以法国为代表的"政府主导型"征信市场，以及以德国和日本为代表的"混合型"征信市场均有其利弊。中国的征信市场也将在"市场化"和"中心化"的路径之间不断地探索前行。另外，发展"征信"并不仅仅是一个商业问题，它的背后存在着一个社会对"信用"本身的认知。基于此，中国征信市场的发展必然与整个社会在价值观层面的相关讨论与反思密不可分。

　　中国征信市场大风已至，而航线与彼岸仍是一个极具魅力的猜想。

　　　　　　　　　　　　　　　　　　　（本文刊于《阿里商业评论·互联网金融》，2015 年 1 月）

诚信体系建设实践的体会

邵晓锋：阿里巴巴集团首席风险官

15 年来，阿里巴巴在网络诚信体系建设的道路上一步一个脚印地探索前行。我们认为，一个网络平台就如同一个社会，不可能完全没有诚信方面的问题，但因为有问题存在就全盘否定这个平台也是不现实的，而是应该去构建、完善诚信体系，通过体系的保障，让问题越来越少，让平台越来越良性化运作。在 15 年诚信体系建设实践中，我们也获得了一些感悟和体会。

1）诚信体系建设不仅应该从道德层面对公民提出约束，更应该使诚信与每个人、每个商家的切身利益紧密结合起来。

从阿里巴巴的实践看，诚信的建设不应仅仅是一个道德问题，而是与个人、商家的切实经济利益休戚相关。让信用优良的个人和商家能够便捷地获取各种服务和资源，让信用不良的用户处处受限、寸步难行，从而用利益的杠杆撬动全社会向一个良性的诚信方向发展。阿里巴巴的各大平台，正是因为将信用与商家经营的实际利益真正挂钩，让不诚信的商家没有长期生存的环境，商家们才将信用视作生命一样去重视和维护。如果"让诚信的人先富起来"的做法能够在全社会普遍实行，那么诚信必定会深入人心，成为人们在商业社会中行为处事的一种基本习惯。

2）诚信体系必须是开放的、社会化的，而且必须是在市场机制环境下、受市场机制引导的。

只有当诚信体系渗透到各个生活、商业的环境中时，它才能发挥最大价值，形成社会效益。目前很多建设中的诚信体系都是封闭的，是仅为本部门、本机构自身的业务管理而设计的，不对其他机构、社会开放。这使得诚信体系沦为单纯的业务管理工具，完全不能发挥其本身具有的推进全社会诚信环境改善的力量。

诚　信

　　从阿里的实践来看，整个阿里诚信体系从设计之初就不仅是为了服务自身管理，更是为了服务全体商家和消费者。十几年来，这个体系不仅帮助阿里进行平台业务管理，更帮助消费者选择商家，指导商家良性发展，并推动整体网络环境的"从善"化。这样的体系设计，既最大限度地发挥了诚信体系的社会价值，反过来又不断推进诚信体系自身的建设，使诚信体系的社会价值和自身完善得到非常紧密的结合。一个诚信体系，只有真正与人人相关、让人人参与，才是真正走向成熟的诚信体系。

　　此外，诚信体系的建设过程也应该是开放的，应该通过市场机制的引导让更多的社会机构一起合作，整合全社会的力量，多渠道沉淀数据，通过海量数据的海量应用为诚信体系营造大数据的基础。只有在市场机制的杠杆下，诚信体系建设才能形成正向循环，而不是自上而下地被动推进。阿里巴巴的诚信体系从一开始就是开放的，是在纯粹的市场机制环境下发展起来的，并将在开放和市场机制引导的原则下持续发展。

　　3）惩恶扬善，让好人更好、让坏人寸步难行只是诚信建设的两个手段，更重要的是要营造必要的诚信环境，建立良好的诚信机制，让处于绝对诚信与绝对不诚信之间的中间人群趋向诚信，这是诚信体系的核心价值。

　　惩恶和扬善是诚信体系建设中非常重要的两头，但是我们认为这只是诚信建设的外在手段。我们相信，每个人心中都有一颗趋善的、诚信的种子，只要有良好的外部环境和健全的机制，人们心中向善的、诚信的一面必能被激发。诚信体系的建设只有真正让诚信的人获得更多的社会资源和回报，才能更好地激发人们趋向诚信，让整个社会大环境趋向诚信。

　　4）以互联网为基础的云计算、大数据技术，为诚信体系的建设奠定了很好的技术基础，以大数据为基础的诚信体系才成为可能。

　　网络信息技术的出现，特别是云计算技术的成熟使很多曾经不可能的事情变为可能，也为很多事情提供了新的方法和思路。在远古社会，诚信依靠的是"眼见为实"和"口口相传"，而在大数据时代，则应充分利用大数据进行诚信建设。我们应尽可能多地去获取和沉淀数据，并通过大数据运算对各种行为做出分析和判断，并在此基础上设计各种激励机制和制约机制，让好人畅行无阻，让坏人寸步难行。在大数据时代，一个人平时的行为都会被记录下来，而这种平时的行为才能最真实地反映一个人的诚信度。这就促使每个人每时每刻都以"诚信"约束自己，"勿以恶小而为之"。现在网络上存在的所有不诚信行为在传统社会中原本就都存在，但云计算、大数据技术能够利用数据的"火眼金睛"识别出这些行为，让不守信用的人无处藏身。

目前，中国众多机构都已意识到大数据对诚信建设的重要性，并纷纷建立了自己的数据库，但这些数据库大多处于各自为战、各自运行的状态，是一个个无法分享的"信息孤岛"。只有将这些"信息孤岛"全部连接起来，才能通过海量数据的整合、计算与应用，充分利用大数据构建社会基础诚信体系。一些人对大数据有一定的顾虑，担心会侵犯个人隐私。其实这是一种狭隘的观点，因为在大数据时代，隐私也应该被重新定义，当一个人的个体行为会对他人、对社会带来影响时，就不再是隐私。

在不久的将来，云计算、大数据将成为整个社会商业、经济发展的重要基础设施，新的商业模式将逐步成型。作为整个社会道德基础的社会诚信体系建设，也将因此而遇上迅速升级完善的大好机遇。阿里巴巴将根据自身业务发展中的诚信体系建设实践，始终将诚信体系建设作为社会新商业模式构建的核心基础，不断总结经验，持续发展完善。同时，阿里巴巴也将充分发挥其在云计算和大数据方面的全球领先能力，在整合社会数据资源的基础上，帮助中国建立社会基础诚信体系。

（本文刊于《阿里商业评论·阿里巴巴诚信体系建设》，2014 年 10 月）

从构建诚信体系的初心出发

俞思瑛：阿里巴巴集团副总裁

借用狄更斯的名言，"这是一个最好的年代，也是一个最坏的年代"。所谓"好"，在于我们正在经历时代转型和大变革，现有的经济学、法学、管理学理论都不足以解释，一切都可以由我们通过实践重新构建；而所谓"坏"，在于如果我们没有足够的勇气、智慧和坚持，并且快速更新，我们就可能被这个时代远远地抛在后面。

互联网技术的发展使人与人、组织与组织之间的连接范围变广、连接内容变深。这样广泛且深度的联结和交互，使整个社会孤立和碎化片的个体及其信息能得以局部重组和拼接，并趋于形成步调一致的组织频率和共振。在此过程中，如何降低个体与个体、个体与组织、组织与组织、局部与整体之间的联结和交互（交易）成本，是一个迫切要面对和解决的问题。

诚信体系建设，是我们解决"如何降低社会的联结和交易成本"最有效也是最关键的对策。反之，降低社会交易成本也就是诚信体系建设的初心。

明确构建诚信体系的初心，我们清楚地知道，"诚信"并不应该只是一个停留于文化和道德层面的口号，"诚信体系建设"也不是一个为了诚信而诚信的道德工程。衡量任何一个市场乃至全社会的诚信体系建设得好不好，唯一的标准应该是：有了这套体系之后，社会的联结和交易成本是否有效地降低了，而不是这套体系的数据本身有多丰富，或者技术有多先进。

既然目标和对策都已经清晰，那么要怎么通过建设诚信体系来实现这个目标呢？它的路径应当分解为下面 4 个子问题：

1）我们要解决的是市场交易领域的问题，而不是所有的领域。

2）市场交易领域的交易成本的结构是什么？

3）如何优化市场交易成本结构里的每一个影响因素？

4）目前靠市场主体自身不能解决这个问题的障碍在哪里？

在解决这4个子问题的同时，我们不免会产生新的疑惑：诚信体系建设到底是企业的事，还是政府的事？政府和市场应如何分工？

淘宝网已建成的诚信体系可以逐一回答这些问题。作为市场主体，淘宝网创建信用评价体系的初衷并不是为了创建本身，而是为了让陌生人之间能产生交易，诚信体系的建成只是一个结果。

通过表6-1让我们先来回想一下，在没有淘宝网之前，消费者和商户是如何来达成交易的，而电子商务又是如何优化市场交易成本结构里的每一个影响因素的。

表 6-1　电子商务比较传统商业模式的优势

消费者成本	传统商业模式	电子商务模式	电子商务的优势
了解商品	广告、店铺	个人电脑和无线端的信息	信息量更大，更便利
选择商品	熟人经验	用户评价等多维度信息	信息量更完整
选择商户	就近原则	海量商户，信用评价	充分竞争，有效制衡
支付价款	现金或刷卡	货到付款，担保交易	便利性和多样性
退款退货	店铺现场交易	无理由退货	灵活性
售后服务	店铺现场	电话和网络	便利性

通过上面一系列措施，陌生人之间的交易得以井喷式发展。淘宝通过一系列信息化的工具，排除了推动交易达成的消费者在消费决策前、交易中、交易后的影响因素，让消费者能放心购物。

这一体系得以成功的另一个重要因素就是它的简单和情景化。在每一个不同市场内，用户对信用评价的认知能力和认知标准是不同的。因此，这些信用信息应该以最本真的面目来源于市场，又应用于市场。它们与市场是融为一体的，而不是被人为割裂的，即：信用归信用，市场归市场。信用信息达到情景化的实时应用，这本来就应该是诚信体系的最大价值。由此来看，这一目标和结果就已经不是通过建设政府的征信系统所能解决和达到的了。

但企业自建的信用评价体系要进一步发展的瓶颈，也正是受限于：缺乏实时有效的市场主体的公共信息，导致增加了大量的信息审核人员，成本巨大。

以阿里目前建成的诚信体系为例：

1）用户信息认证体系。阿里通过组建团队，把碎片化的用户信息与公安系统、工商系统的信息逐一用人工查验的方式来完成。而其他市场主体要实现这一目标，恐怕也只能通过同样的方式，因此，政府要想促进市场主体成本降低、效率提升，就可以通过向市场开放公共信息来实现。

2）信用等级评价体系。这一模式对淘宝网的发展发挥了巨大的作用，它的基本逻辑是以行为人在本市场内的行为通过行为相对人的评价累计来实现的。一方面，需要持续积累和沉淀，时间成本较高；另一方面，也会形成该市场进入的高门槛，无法实现跨市场的自然流动和兑换。

如何实现不同市场间负信用和正信用的互通，这也是政府需要解决的问题。

3）惩恶体系。凡是在淘宝上实施违法行为的个体，如欺诈、盗窃账户、出售假货等行为，都是整个市场的公害，必须形成全社会的共同打击力量，才能避免违法个体在不同的市场之间流窜作案，并从根源上杜绝违法行为。这一目标的实现，除了需要有协会这样的组织，更需要有国家公权力的参与。

4）扬善体系。对于没有不良信用记录的用户，各市场可自由决定是否认可，从而进行资源的优化配置。而正是由于信用纪录被各市场应用于解决其市场自身交易成本的原因，每个应用市场都乐于拿出自己的资源来激励能让它节约成本的用户，从而形成正向的行为引导，而不需要财政出资补贴。

5）平台外开放合作体系。除了政府向市场开放，各市场之间的互通和信息共享也非常重要，但这并不应该是强制性的要求，事实上，信息不能互通和共享的市场将无法良性发展。

6）大数据底层信息体系。数据应该归属于谁？又要提供给谁？这是一个还没有结论的问题，但数据一定要由能让它发挥出更大价值、推动社会进步，同时又不伤害个体利益的个人或组织所使用。

政府要通过立法保护个人隐私权，同时保护这样的组织对数据使用的权利。

综上，所有市场主体遇到的共同障碍，以及靠个体力量无法解决的问题，应当由政府通过公共服务来解决。政府负责整合散落在政府体系各部门内的信息，并向社会开放，使市场能够以极低的成本获得相关公共信息。而每个市场主体的责任则是利用好公共信息，去降低本交易市场内的交易成本。

统一目标后，再理顺分工和职责，接下来我们的诚信体系建设就只是时间问题了。

（本文刊于《阿里商业评论·阿里巴巴诚信体系建设》，2014 年 10 月）

推荐阅读

《阿里商业评论：跨境电商》

书号：978-7-111-51744-3

阿里研究院◎主编

《阿里商业评论》征稿啦！

商业世界看似很远，其实就在身边，只要你对商业保持观察和思考，

在我们看来就是不可多得的好作者。

- 这是一本希望用互联网思维审视互联网百态的读物，这是一本聚焦互联网背景下新商业模式的期刊，这是一个行业专家和普通民众"共起舞"呈现各自商业智慧的舞台。

- 《阿里商业评论》关注和传播互联网时代的新商业智慧，挖掘和汇聚不平庸的声音，呈现和力捧"充满干货"的文章！数千万网商、数万名社会精英期待来自你的商业智慧！

- 稿件包括但不限于：相关主题的深入思考、观点文章等；经历和看到的成功实践案例（包括案例企业的成绩、具体做法、亮点等）。